# MENTIRAS
## QUE LAS
## *Mujeres*
# CREEN

## Y LA VERDAD QUE LAS HACE LIBRES

## NANCY DeMOSS
## WOLGEMUTH

EDITORIAL
PORTAVOZ

Título del original: *Lies Women Believe Study Guide,* © 2002 por Nancy Leigh DeMoss, © 2018 por Revived Hearts Foundation y publicado por Moody Publishers, 820 N. LaSalle Boulevard, Chicago, IL 60610. Traducido con permiso. Todos los derechos reservados.

Edición en castellano: *Mentiras que las mujeres creen, Guía de estudio* © 2018 por Editorial Portavoz, filial de Kregel Inc., Grand Rapids, Michigan 49505. Todos los derechos reservados.

Traducción: Nohra Bernal

EDITORIAL PORTAVOZ
2450 Oak Industrial Drive NE
Grand Rapids, Michigan 49505 USA
Visítenos en: www.portavoz.com

ISBN 978-0-8254-5868-2 (rústica)
ISBN 978-0-8254-6761-5 (Kindle)
ISBN 978-0-8254-7582-5 (epub)

5 6 7 8 9 edición / año 27 26 25 24 23 22

*Impreso en los Estados Unidos de América*
*Printed in the United States of America*

# CONTENIDO

*D*esde el primer lanzamiento de *Mentiras que las mujeres creen*, hemos recibido muchas respuestas alentadoras de mujeres que describen cuán decisivo ha sido este mensaje en su forma de pensar y en su caminar con Dios. Mujeres de todas las edades, en todas las etapas de la vida, han abierto sus ojos a las mentiras que han creído y han experimentado la libertad que trae la verdad. Una amiga de hace muchos años escribió lo siguiente:

> No te imaginas la profundidad de la obra que Dios está haciendo. Para ser sincera, fue desconcertante para mí descubrir las mentiras que he albergado en mi pensamiento y que se han convertido en mi estilo de vida. Lo que me emociona es poder al fin identificar esas mentiras y entender que hay esperanza en la verdad de la Palabra de Dios para liberarme de ellas.

Muchas mujeres finalmente han "atado los cabos" y se han dado cuenta de cómo el engaño en un área de sus vidas acarrea consecuencias en otras, como lo ilustra el siguiente testimonio:

> A mis casi sesenta años he descubierto que los episodios de "depresión" y mi lucha de toda la vida con la ansiedad tienen su origen en mi confusión acerca del carácter y la naturaleza de Dios.

Algunas han comentado con franqueza que no fue un libro fácil de leer. Una mujer lo expresó de la siguiente manera: "Fue como someterme a un 'tratamiento de endodoncia espiritual', solo que en mi corazón". Ahora bien, ¡esa no es la clase de testimonio que por lo general motiva a la gente a leer un libro! Sin embargo, ella expresó también la bendición que está experimentando como resultado de ese proceso doloroso:

> Estoy aprendiendo a atesorar la Palabra. Beber a fondo la Palabra me produce un gozo inmenso. La Palabra satisface mis anhelos, limpia mi alma, ¡y me deja con ansias de más!

Me ha alegrado especialmente saber acerca de mujeres que se reúnen en grupos pequeños para leer y comentar el libro. Sus reportes también son muy alentadores. Una mujer nos contó que en su grupo "las mujeres están empezando a sincerarse y a confesar mentiras que ni siquiera consideraban como tales, y pudieron enfrentar las mentiras con la verdad de Dios".

Esta guía de estudio ha sido diseñada para ayudar a las mujeres que quieren profundizar en su comprensión y aplicación del mensaje de *Mentiras que las mujeres creen* (la versión revisada y ampliada de 2018), ya sea de forma individual o con un grupo. De ser posible, yo te animaría a realizar este estudio con otras mujeres, ya sea en un grupo pequeño, o simplemente con una o dos mujeres más que quieran crecer en su caminar con Dios. Un grupo constituye un marco que provee ánimo y que facilita la rendición de cuentas a medida que sus participantes enfrentan sus propias luchas o las de otras con diversas mentiras, y buscan erradicarlas y caminar en la verdad.

A lo largo de este estudio, conforme progresas en él, reflexionas y respondes las preguntas, mi oración es que abras tu corazón al Señor y le pidas que te muestre dónde has podido ser engañada sutilmente. Entonces confía en que Él te enseñará a caminar en la verdad y a guiar a otras mujeres a la verdad que puede darles libertad.

Sin importar cuán complejo o arduo resulte este recorrido en algunos momentos, Él ha prometido caminar a tu lado. ¡Él será tu Compañero, tu Guía, tu Ayudador, y tu Amigo a lo largo de todo el viaje, y además por toda la eternidad!

Nancy DeMoss Wolgemuth
Febrero, 2018

Esta guía está diseñada como un complemento de estudio del libro *Mentiras que las mujeres creen*. Necesitarás tener un ejemplar del libro para poder seguir el estudio paso a paso. (Nota: asegúrate de usar la versión revisada y ampliada de 2018 de *Mentiras*, ya que esta Guía de estudio se basa en esa versión). Junto con el estudio para cada día, se te asignarán algunas páginas del libro para leer.

El estudio semanal incluye las siguientes secciones:

- SÍNTESIS: es una sección introductoria que te presenta un panorama del capítulo y las mentiras que se tratan en ese capítulo.

- EXPLOREMOS LA VERDAD: consiste en cinco días de estudio personal para completar antes de reunirte con tu grupo pequeño. Estas lecciones están diseñadas para ayudarte a pensar acerca de cómo incorporar la verdad de Dios a tu vida diaria. El estudio de cada día incluye pasajes para meditar y preguntas para responder bajo los subtítulos "Descubre", "Reflexiona" y "Responde".

- CAMINEMOS JUNTAS EN LA VERDAD: incluye preguntas para discutir durante la reunión de tu grupo pequeño. Si no estás haciendo el estudio en grupo, puedes usar esta sección como uno o dos días adicionales de estudio personal. Las preguntas son diferentes de las que encontrarás en las otras lecciones, y servirán para llevar la puesta en práctica de la verdad a un mayor compromiso.

No te apresures en responder las preguntas. El objetivo de las mismas es animarte a pensar detenidamente en tus actitudes y creencias. Puede que te resulte difícil responder con sinceridad a algunas de ellas. Ese tipo de lucha en ciertas áreas constituye una parte importante del proceso y te ayudará a crecer. Conforme el Espíritu obra en tu corazón, te animo a mantenerlo abierto delante de Él, preguntándole lo que Él quiere enseñarte. Si faltas a tu estudio un día, ¡no lo abandones! El estudio de la Biblia es una disciplina, pero produce un fruto exquisito para quienes están dispuestos a pagar el precio.

Que el Señor se revele a ti conforme lo buscas en su Palabra, y que puedas experimentar la libertad y el gozo de caminar en la verdad.

# CAPÍTULO UNO

# LOS *fundamentos*

## SÍNTESIS...

La introducción, el prólogo y el capítulo 1 de *Mentiras que las mujeres creen* establecen el fundamento que nos permite comprender el poder de las mentiras de Satanás en nuestra cultura y en nuestra vida personal, y descubrir la poderosa verdad que encierra la Palabra de Dios.

Jesús vino a darnos vida abundante. ¿Por qué a veces llevamos vidas derrotadas, solitarias, temerosas y llenas de estrés? El problema es que hemos creído una mentira, o varias mentiras, del arsenal de Satanás. Obviamente no las hemos creído todas. De hecho, podríamos sentirnos tentadas a enorgullecernos de no creer al enemigo. Sin embargo, es posible que haya alguna mentirita que como fruta apetitosa hayamos tomado y comido. Tal vez no nos parecía una mentira. Parecía algo inofensivo, incluso provechoso. O quizás era tan provocativa que no pudimos resistirnos. En cualquier caso, hemos descubierto que una "simple" mentira puede llevarnos cautivas, e incluso robarnos la vida gozosa y confiada que ofrece Cristo.

Si estás experimentando esclavitud en cualquier área de tu vida, mi oración es que este libro te ayude a identificar cualquier mentira que hayas podido creer, y la verdad correspondiente de la Palabra de Dios.

Espero que comprendas que ninguna mentira de Satanás es inofensiva. No podemos caer en ellas y salir ilesas. Tenemos que aprender a discernir esas mentiras cuando las encontramos, reemplazar las mentiras con la verdad, y luego ayudar a otras mujeres a hacer lo mismo.

## CITA DE *Nancy*

*"No hablo de una fórmula mágica que hará desaparecer los problemas. Tampoco ofrezco atajos para una vida fácil, ni la promesa de que estarás exenta de dolor y dificultad. La vida es dura, y eso es inevitable. Hablo más bien de enfrentar las realidades de la vida, como el rechazo, la pérdida, la decepción, las heridas e incluso la muerte, en libertad y gozo verdadero".* (p. 19)

**EXPLOREMOS LA VERDAD...**

# EL PODER DE LA VERDAD *(pp. 16-26)*\*
## DÍA UNO

## DESCUBRE

1. Lee Juan 10:10. Al meditar en tu vida, ¿dirías que estás experimentando la vida abundante que Jesús vino a dar? ¿O te encuentras simplemente arreglándotelas de la mejor manera, a duras penas sobreviviendo, o luchando con gran dificultad? Explica tu respuesta.

_____

_____

## REFLEXIONA

2. Fíjate en la lista de palabras de la página 17 de *Mentiras que las mujeres creen*. Anota a continuación las palabras que describen tu situación presente. Si es necesario, añade otras palabras que vengan a tu mente. (Si en este momento no experimentas esta clase de sentimientos, pero conoces a alguien que está en esa situación, describe cómo crees que ella se siente. Puedes usar este estudio para aprender cómo ayudarla a ella y a otras mujeres que tienen luchas).

_____

_____

3. Mira la lista de palabras en la página 19 de *Mentiras que las mujeres creen*. Escoge de la lista (o de tu propia iniciativa) palabras que te gustaría usar para describir tu vida.

_____

_____

4. Lee Juan 8:31-36. ¿Qué crees que quiso decir Jesús cuando habló acerca de ser libres? ¿Cómo sabes que Él no se refería a ser libres para hacer todo lo que nos place?

_____

_____

5. Lee Gálatas 5:1 y Juan 14:6. ¿Qué (Quién) es la verdad que nos hace libres?

_____

_____

\* A menos que se indique de otra manera, los números de página corresponden a páginas del libro *Mentiras que las mujeres creen* (versión revisada y ampliada de 2018).

## RESPONDE

6.  La mujer cuya historia empieza en la página 22 dijo que ella "se había dado por vencida", y que nunca podría liberarse por completo del hábito inmoral que la había mantenido cautiva durante años. ¿Hay un área en tu vida en la que te has dado por vencida y has perdido la esperanza de ser libre?

_____

_____

7.  ¿Cómo te gustaría que tu vida cambiara como resultado de este estudio?

_____

_____

*Señor, quiero crecer por medio de este estudio. Te pido que me muestres en qué áreas de mi vida estoy cautiva, y que reveles cualquier mentira que he creído y que me ha mantenido en ese estado. Muéstrame la verdad que necesito conocer para poder ser verdaderamente libre. Amén.*

# CONOCE A TU ENEMIGO *(pp. 29-35)*
## DÍA DOS

## DESCUBRE

1.  ¿Qué te revelan los siguientes versículos acerca de Satanás y de la forma como opera?

Juan 8:44

_____

_____

2 Corintios 4:4

_____

_____

2 Corintios 11:14

_____

_____

Efesios 6:11-12

_____

_____

1 Pedro 5:8

_____

_____

2. ¿Cuáles de estas estrategias observas en el relato de Génesis 3 de cómo tentó Satanás a Eva?

_____

_____

CITA DE *Nancy*

*"Sin importar de dónde provenga, cada vez que percibimos algo que no se conforma a la Palabra de Dios debemos encender las alertas. Lo que leemos o escuchamos puede sonar bien, sentirse bien y parecer correcto, pero, si es contrario a la Palabra de Dios, no está bien".*
(p. 34)

### REFLEXIONA

3. ¿Por qué las mentiras de Satanás, por regla general, parecen algo bueno y atrayente?

_____

_____

4. ¿Cuáles son algunas formas en que se manifiesta el engaño de Satanás en nuestra cultura?

_____

_____

5. ¿Cómo puedes discernir la diferencia entre verdad y engaño? ¿Cómo puedes evitar ser engañada por las mentiras de Satanás?

_____

_____

### RESPONDE

6. Vamos a ser más susceptibles al engaño si no meditamos a diario en la Palabra de Dios. ¿Qué "cosas buenas" pueden mantenerte tan ocupada que descuidas el estudio diario de la Palabra?

_____

_____

7. ¿Cómo puedes ser más sensible a la presencia del enemigo y a sus intentos de engañarte?

_____

_____

*Señor, yo sé que Satanás es un enemigo real, y que su plan es que yo sea totalmente inútil para ti y para tu reino. Ayúdame a permanecer en tu Palabra y a recordar que, sin importar cuán poderoso sea Satanás, ¡tú eres infinitamente más poderoso! Amén.*

# ABRE TUS OJOS *(pp. 35-39)*
## DÍA TRES

## DESCUBRE

1.  Lee Génesis 2:15-17 y 3:1-13. ¿Qué le ofreció Satanás a Eva que tenía la apariencia de ser bueno? ¿Por qué a ella le pareció un buen ofrecimiento?

    _____

    _____

## REFLEXIONA

2.  Haz una lista de las fuentes principales de información que existen en tu vida (por ejemplo, películas, libros, amigos, redes sociales, un consejero).

    _____

    _____

    _____

3.  ¿Qué tan cuidadosa eres a la hora de examinar esa información y discernir entre la verdad y el error? De las siguientes afirmaciones, señala la que mejor te describe:

    ☐ He sido profundamente influenciada por la cultura y por otras "voces" a mi alrededor y, por lo general no me detengo a evaluar lo que oigo a la luz de la Palabra de Dios. No discierno entre la verdad y el error. (Si ese es tu caso, ¡tal vez ni siquiera te des cuenta de que esta frase te describe!).

    ☐ Soy cuidadosa en algunas áreas, pero no en todas. Tengo que crecer en el discernimiento espiritual.

    ☐ Examino aquello que oigo y que veo a la luz de la Palabra de Dios y, con cuidado, sopeso las consecuencias cada vez que me siento tentada a tomar una mala decisión. (Según He. 5:14, la capacidad de discernir entre lo bueno y lo malo es una señal de madurez espiritual).

> CITA DE *Nancy*
>
> *"Resulta tentador aceptar sin pensar todo lo que oímos y vemos... ¿Cuántas veces tomamos decisiones sin detenernos a pensar en las consecuencias que pueden acarrear? Muchas vivimos simplemente nuestra vida reaccionando a las personas, las circunstancias y las influencias que nos rodean... Todo eso se ve bien, se siente bien, y parece inofensivo. Pero al final terminamos en relaciones destructivas, llenas de deudas, enojadas, atrapadas y abrumadas. Hemos creído una mentira".*
> *(pp. 37-38)*

4. Describe una ocasión en la que tomaste una mala decisión sin detenerte a sopesar el costo y las consecuencias.

_____

_____

5. Identifica la mentira que Satanás usó para llevarte a creer que tú (u otros) no se verían afectados por el pecado.

_____

_____

6. ¿Qué verdad de la Palabra de Dios podría haberte ayudado a apartarte de la mentira de Satanás?

_____

_____

## RESPONDE

7. Pide a Dios que te ayude a crecer en tu capacidad para discernir el bien del mal, y a tomar buenas decisiones. Pídele que te muestre si hay algún área de tu vida en la que estás engañada por alguna influencia que es contraria a la Palabra de Dios.

*Padre, abre mis ojos para que no sea engañada por las mentiras de Satanás. A veces un proceder parece correcto cuando no me detengo a pensar acerca de tu verdad o de las consecuencias que podría acarrear. Enséñame a sopesar mis decisiones a la luz de tu Palabra. Amén.*

# DETECTA LA PROGRESIÓN *(pp. 39-42)*
## DÍA CUATRO

## DESCUBRE

1. En las páginas 39-42 de *Mentiras que las mujeres creen*, ¿cuáles son los cuatro pasos que nos llevan del engaño inicial a la esclavitud?

1. _____

2. _____

3. _____

4. _____

2. Examina de nuevo Génesis 3:1-13. ¿Qué hizo Eva que corresponde a estos cuatro pasos que la llevaron del engaño a la esclavitud?

1. _____
   _____

2. _____
   _____

3. _____
   _____

4. _____
   _____

## REFLEXIONA

3. Mientras vivamos en este mundo, no podemos aislarnos al punto que nunca oigamos mentiras. ¿Cuál es la diferencia entre "oír" mentiras y "escucharlas"?

   _____

   _____

CITA DE *Nancy*

*"No existen mentiras inofensivas. Es imposible salir ileso de la exposición a las ideas engañosas y falsas del mundo". (p. 41)*

4. Lee Filipenses 4:8-9. ¿Por qué es tan importante escoger con cuidado todo aquello a lo que le damos acceso a nuestra mente y a lo que elegimos exponernos, y escuchar la verdad?

   _____

   _____

## RESPONDE

5. Revisa la lista que hiciste en el día tres donde se enumeran las fuentes de información que permites en tu vida. ¿Hay algo en esa lista que te exponga innecesariamente al engaño?

   _____

   _____

6. ¿Qué pasos puedes dar para proteger mejor tu mente y tu corazón del engaño de Satanás?

   _____

   _____

*Señor, te pido que me muestres de qué maneras me he vuelto más susceptible a las mentiras de Satanás por el tipo de influencias que elijo y permito en mi vida. Ayúdame a llenar mi mente y mi corazón con la verdad. Amén.*

# AFIRMA LA VERDAD *(pp. 42-45)*
## DÍA CINCO

## DESCUBRE

1. ¿Cuáles son los tres pasos que nos ayudarán a pasar de la esclavitud a la libertad espiritual?

   1. _____
   2. _____
   3. _____

CITA DE *Nancy*

*"Satanás es un enemigo poderoso. Su principal arma es el engaño. Sus mentiras son poderosas. No obstante, hay algo aún más poderoso que las mentiras de Satanás, y es la verdad". (p. 44)*

## REFLEXIONA

2. ¿De qué modo la verdad contrarresta las mentiras?
   _____
   _____

3. ¿Qué dice la Biblia acerca de la verdad en los siguientes versículos?

   Salmo 33:4_____

   Salmo 51:6_____

   Juan 8:32 _____

   Juan 17:17_____

   2 Timoteo 2:15 _____

4. Lee Juan 14:15-17 y 16:13. ¿Qué papel juega el Espíritu Santo en ayudarnos a discernir y a caminar en la verdad?

   _____
   _____

## RESPONDE

5. ¿Puedes identificar una o varias áreas específicas de esclavitud en tu vida, áreas en las que no caminas en libertad? (ver ejemplos de tipos comunes de esclavitud en la página 43 en *Mentiras que las mujeres creen*).

   _____
   _____
   _____

6. "Toda esclavitud en la vida tiene su origen en una mentira" (p. 42). Pide a Dios que te ayude a lo largo de este estudio a descubrir qué mentira(s) has creído y te ha(n) puesto en esclavitud. Pide también al Señor que te muestre la verdad de su Palabra que contrarresta las mentiras de Satanás.

> *Señor, te pido que me muestres claramente cualquier mentira que yo haya creído. Luego, muéstrame la verdad que me hará libre. Gracias por tu Palabra y por tu Espíritu Santo, que me guía a la verdad. Ayúdame a caminar en tu verdad hoy y cada día. Amén.*

## CAMINEMOS JUNTAS EN LA VERDAD...

1. ¿Por qué es tan importante que entendamos la verdad?
   _____
   _____
   _____
   _____

> CITA DE *Nancy*
>
> *"Desde aquel primer encuentro, Satanás ha utilizado el engaño para ganarse nuestra simpatía, alterar nuestras decisiones y destruir nuestra vida. De un modo u otro, cada problema que enfrentamos en este mundo es fruto del engaño, es el resultado de creer algo que simplemente no es verdad". (p. 34)*

2. Un tema muy popular en nuestra cultura es la ausencia de absolutos. "Toda verdad es buena. Cualquier verdad que funcione para ti es buena para ti, y lo que funciona para mí es bueno para mí". Aunque esto pareciera una gran demostración de tolerancia, ¿a qué conduce al final ese tipo de razonamiento?
   _____
   _____
   _____
   _____

3. Describe algunas mentiras que son aceptadas ampliamente como verdad en nuestra sociedad. ¿De qué manera afectan estas mentiras las decisiones de las personas, y cómo pueden ser destructivas?
   _____
   _____
   _____

4. Enumera tres o cuatro problemas extendidos en nuestro mundo y comenta de qué manera cada uno puede ser resultado del engaño.
   _____
   _____
   _____
   _____

CITA DE *Nancy*

*"[Satanás] sabe que, si caemos en su engaño, vamos a incitar a nuestro prójimo a pecar, y nuestras decisiones pecaminosas marcarán la pauta para las generaciones futuras".* (p. 35)

5. ¿Recuerdas algunas mujeres en las Escrituras que fueron engañadas y que impulsaron a otros a pecar? (Si necesitas ayuda, busca Gn. 3:6 y 16:1-6).

_____

_____

6. Comenta de qué manera las mujeres en nuestros días han sido engañadas. ¿Cómo ha influido ese engaño en sus propias decisiones y en las decisiones de otros?

_____

_____

_____

_____

7. Comenta una o más formas en las que has dado lugar al engaño cuando has resuelto exponerte a influencias que son contrarias a la verdad.

_____

_____

8. ¿Cuáles son algunos ofrecimientos de Satanás que a las mujeres de hoy les resultan atractivos? (Recuerda que Satanás utiliza cosas que no son malas en sí mismas. El fruto que comió Eva no era malo ni pecaminoso en sí mismo. De hecho, era algo que Dios había creado. Lo que fue pecaminoso en la elección de Eva es el hecho de que Dios le había prohibido comer del fruto).

_____

_____

CITA DE *Nancy*

*"El fruto prohibido era 'bueno para comer... agradable a los ojos... codiciable para alcanzar la sabiduría' (v. 6). Si no hubiera sido tan atractivo, ¿crees que Eva habría caído en la trampa?... Probablemente no. Lo que hace el ofrecimiento de Satanás tan apetecible y engañoso es que parece bueno".* (p. 37)

9. Comenta una decisión que te viste tentada a tomar y, aunque parecía atractiva y correcta, era contraria a la Palabra de Dios. Si creíste esa mentira, describe las consecuencias negativas que eso acarreó.

_____

_____

_____

_____

10. Lee con tu grupo Hechos 17:10-12. ¿Qué hizo el pueblo de Berea para discernir la verdad? ¿Cómo podemos evitar ser engañadas y discernir mejor las influencias que recibimos?

_____

_____

_____

# CAPÍTULO DOS

# LA CONFIANZA EN *Dios*

## SÍNTESIS...

El capítulo 2 presenta seis mentiras con las que batallan muchas mujeres en su concepto de Dios. Esto es importante, porque lo que creemos acerca de Dios afecta nuestra perspectiva de todo lo demás.

La primera mentira se centra en el cuestionamiento de la bondad de Dios. La Biblia nos dice que Dios es bueno. Sin embargo, en un mundo lleno de odio y maldad, resulta tentador cuestionar su bondad. Aun si de manera intelectual sabemos que Dios es bueno, nuestras circunstancias personales podrían llevarnos a dudar de que Él es bueno con nosotras. En cualquier caso, nuestra duda puede hacernos propensas al desaliento y la amargura, y a justificar nuestra desobediencia a la Palabra de Dios. Caminar en la verdad significa reconocer que Dios es completamente bueno y que todo lo que Él hace es bueno. Sí, el pecado humano ha engendrado una gran cantidad de maldad en el mundo. Sin embargo, Dios es tan poderoso que incluso puede usar las circunstancias malas para producir algo bueno.

La segunda mentira concierne al amor de Dios. Muchas mujeres no creen que Dios pueda amarlas. Aunque de manera intelectual saben que Dios es amor, sus sentimientos contradicen su conocimiento. Como no se sienten amadas, no creen que son amadas. A fin de evitar creer esa mentira, debemos sustraernos de los sentimientos y enfocarnos en el hecho de que Dios nos ama con un amor tan intenso que entregó a su Hijo para morir por nosotras.

La tercera mentira comprende un gran obstáculo para muchas mujeres. No pueden aceptar que Dios sea para ellas un Padre amoroso porque sus padres terrenales fueron indiferentes, exigentes, abusivos, ausentes, o acusadores. Estas mujeres necesitan comprender que Dios no se parece a ningún ser humano que hayan conocido. Él es perfecto, y es perfectamente bueno y amoroso.

La cuarta mentira es una que todas nos vemos tentadas a creer, si no conscientemente al menos en la práctica. Es la mentira de que Dios no es suficiente, que debemos tener otras cosas además de Él para ser felices, completas y plenas. Sin embargo, la realidad es que, cuando tenemos a Dios, tenemos todo lo que necesitamos para nuestra paz, nuestro gozo y nuestra satisfacción.

La quinta mentira es que si vivimos como Dios ordena vamos a ser desdichadas. Muchas personas piensan que los mandamientos de Dios son más una carga que una bendición. No obstante, la Biblia deja claro que Jesús vino para hacernos libres. La Biblia ofrece guía e instrucción que nos protege y nos bendice cuando obedecemos. Y, si desobedecemos, lo hacemos bajo nuestra propia responsabilidad y riesgo. La verdadera libertad y gozo se encuentran en la obediencia.

Por último, una sexta mentira que muchas mujeres creen acerca de Dios es que Él debería solucionar todos nuestros problemas, aquí y ahora, a fin de que podamos disfrutar de una vida libre de dificultades. Pero Dios nunca prometió hacernos la vida fácil. En cambio, promete que, a lo largo de toda nuestra vida, Él caminará a nuestro lado y usará los problemas que enfrentemos para moldearnos y transformarnos a la imagen de su Hijo.

## EXPLOREMOS LA VERDAD...

# DIOS ES BUENO *(pp. 49-53)*
## DÍA UNO

### DESCUBRE

1.  Cuando eras niña, puede ser que hayas orado repitiendo la frase "Dios es grande, Dios es bueno…". Supongamos que nunca hubieras ido a la iglesia ni leído una Biblia. ¿Creerías que existe un Dios bueno? ¿Por qué sí? o ¿por qué no?

CITA DE *Nancy*

*"Desde una óptica teológica e intelectual sabemos que Dios es bueno. Sin embargo, en lo profundo de nuestro corazón, muchas veces se esconde la sospecha de que Dios no es realmente bueno, o que al menos no ha sido tan bueno con nosotras".*
(p. 51)

2.  Busca Efesios 1:3-14. Enumera varias bendiciones que menciona este pasaje y por las cuales estás particularmente agradecida.

3.  Según los Salmos 34:8 y 106:1, ¿cuáles son respuestas apropiadas frente a la bondad de Dios?

## REFLEXIONA

4. Describe una situación, ya sea pasada o presente, en la cual hayas sido tentada a cuestionar la bondad de Dios. (Por ejemplo, un matrimonio difícil, una oración sin respuesta, una enfermedad inesperada...).

   _____

   _____

5. Romanos 8:28 es un versículo que muchos creyentes conocen. Léelo junto con los versículos 29-39. ¿Qué perspectiva acerca de Dios y de sus propósitos presenta este pasaje para ayudarnos a enfrentar las situaciones dolorosas o difíciles de la vida?

   _____

   _____

## RESPONDE

6. El Salmo 118:1 (LBLA) nos exhorta: "Dad gracias al Señor, porque Él es bueno". Habla con Dios acerca de una situación difícil que enfrentas. Dale gracias por su bondad y reclama la promesa de Romanos 8:28-29. Este es un ejemplo de oración: "Señor, aunque estoy viviendo una situación difícil_____, sé que tú eres bueno, y que has prometido que todas las cosas me ayudan a bien. Sé que tu compromiso es hacerme como Jesús. Te doy gracias porque usarás esta circunstancia (o persona) como un medio para cumplir tu propósito en mi vida".

*Señor, yo sé que eres bueno, pero en el fondo a veces cuestiono tu
bondad cuando vivo momentos difíciles. Ayúdame a confiar en tu
bondad aun cuando no puedo verla claramente. Amén.*

# DIOS ES AMOROSO *(pp. 54-58)*
## DÍA DOS

## DESCUBRE

1. De acuerdo con Juan 15:13, ¿cómo demostró Jesús su amor por ti? ¿Qué más te dice la Biblia acerca del amor de Dios? (ver Jn. 3:16, Ro. 5:8, 1 Jn. 4:7-10).

   _____

   _____

2. ¿De qué manera afectan a tus sentimientos la verdad del amor de Dios por ti?

_____

_____

### CITA DE *Nancy*

*"Para muchas [mujeres] existe una ruptura entre lo que conocemos intelectualmente y lo que sentimos. Y allí radica uno de nuestros problemas: creemos que lo que nos dictan nuestros sentimientos es más cierto que lo que la Palabra de Dios declara como verdad". (p. 54)*

## REFLEXIONA

3. Aunque puedes saber que Dios te ama, es posible que no sientas que así sea. ¿Qué cosas te llevan a sentir que nadie te ama ni se interesa por ti realmente?

_____

_____

_____

_____

4. ¿Cómo puedes vivir en la realidad del amor de Dios aun en aquellos días en los cuales no sientes su amor?

_____

_____

_____

_____

## RESPONDE

5. ¿En qué podrían cambiar nuestras vidas si pudiéramos comprender realmente la grandeza del amor de Dios? ¿De qué manera pensarías diferente acerca de Dios, de ti misma y de tus circunstancias si en realidad comprendieras cuánto te ama Dios?

_____

_____

6. ¿Cómo puedes crecer en tu comprensión del amor de Dios?

_____

_____

7. Lee la oración de Pablo en Efesios 3:14-19. Personaliza esta oración para ti misma o para otra mujer a quien le resulta difícil aceptar el amor de Dios.

_____

_____

*Señor, yo sé que tú me amas, pero reconozco que algunos días simplemente no lo siento así. En esos momentos, te pido que me recuerdes que no debo confiar en mis sentimientos, sino creer la verdad que tú has revelado en tu Palabra. Amén.*

# DIOS ES SUFICIENTE *(pp. 58-59)*
## DÍA TRES

## DESCUBRE

1.  Echa un vistazo a algunas propagandas y avisos publicitarios que pasan por la televisión, la Internet o las revistas. ¿Cuáles son algunas de las cosas que nos dicen que necesitamos para ser verdaderamente plenas, felices y completas?

    _____

    _____

2.  Lee Colosenses 2:9-10. ¿Qué significa que en Cristo hay "plenitud" y que en Él estamos "completas"?

    _____

    _____

## REFLEXIONA

3.  ¿Crees realmente que si tienes a Dios tienes lo suficiente? ¿Cuáles son algunas "cosas adicionales" que tiendes a considerar necesarias para ser feliz?

    _____

    _____

4.  ¿Cuáles son algunas maneras prácticas en que podemos desprendernos de las cosas terrenales y temporales, y encontrar mayor satisfacción en Cristo?

    _____

    _____

    _____

## RESPONDE

5.  Lee el Salmo 73:23-26. Personaliza la oración de Asaf y escríbela en tus propias palabras. Pídele a Dios que esta oración sea una verdadera expresión de tu corazón.

    _____

    _____

    _____

    _____

> CITA DE *Nancy*
>
> *"¿Crees verdaderamente que Dios es suficiente, o has descubierto tu tendencia a buscar otras cosas y personas como comida, compras, amigos, pasatiempos, vacaciones, trabajo y familia para llenar los vacíos de tu corazón?".* (pp. 58-59)

*Padre, tengo la tendencia a acudir a las personas y a otras cosas en lugar de buscarte
a ti para llenar los vacíos de mi corazón y satisfacer mis necesidades y anhelos. Tu
Palabra me dice que, si te tengo a ti, estoy completa. Gracias porque sin importar
lo que pueda tener o no tener en esta vida, contigo me basta. Amén.*

# LA LEY DE LA LIBERTAD *(pp. 59-62)*
## DÍA CUATRO

## DESCUBRE

1. ¿Cómo sería el mundo si no hubiera leyes? ¿De qué manera son las leyes necesarias y beneficiosas para una sociedad?

_____

_____

2. ¿Qué dice Deuteronomio 6:24-25 acerca del valor y la bendición de la obediencia a las leyes de
Dios?

_____

_____

### CITA DE *Nancy*

*"Las Escrituras nos
enseñan que las leyes
de Dios son buenas y
existen para nuestro
bien. La obediencia es
el camino a la bendi-
ción y la libertad. Sin
embargo, Satanás pone
en nuestra mente la
idea de que las leyes
de Dios son una carga,
que son irracionales
e injustas, y que si las
obedecemos seremos
infelices". (p. 59)*

## REFLEXIONA

3. Lee Santiago 1:19-27. ¿Qué quiere decir Santiago cuando
se refiere a "la perfecta ley, la de la libertad" (v. 25)? ¿De qué
manera las leyes de Dios nos dan libertad?

_____

_____

_____

_____

4. Describe una ocasión en la que decidiste hacer lo que querías
en vez de obedecer a Dios. ¿Qué sucedió?

_____

_____

_____

_____

5. ¿De qué formas las restricciones de Dios son, de hecho, beneficiosas y una bendición para sus hijos? ¿Cómo podrías explicar a otros sus beneficios?

_____

_____

## RESPONDE

6. ¿Existe algún mandato bíblico que hayas estado resistiendo o dudando obedecer, porque has creído que te iría mejor hacer las cosas a tu manera? ¿Cuál(es) mandato(s)? Teniendo en cuenta que "la obediencia es el camino… a la libertad" (p. 59), ¿qué te hace falta para rendirte y elegir obedecer?

*Señor, sé que los parámetros establecidos para nosotras en tu Palabra han sido motivados por el amor. Ayúdame a confiar en ti y a estar dispuesta a obedecerte aun cuando en mi mente finita tus caminos no tengan sentido. Amén.*

# CUANDO DIOS TARDA Y DICE "NO" *(pp. 62-64)*
## DÍA CINCO

## DESCUBRE

1. ¿Cuáles son algunos ejemplos que ilustran la manera en que nuestra sociedad está condicionada a esperar soluciones rápidas?

_____

_____

2. Lee 2 Corintios 12:7-10. ¿Qué clase de problema describe Pablo en este pasaje? ¿Cuál piensas que era su motivación para pedir que le fuera quitada? ¿Crees que se equivocó Pablo en orar así?

_____

_____

3. ¿Cuál fue la respuesta de Dios a la petición de Pablo?

_____

_____

## REFLEXIONA

4. ¿Existen problemas y pruebas en tu vida que le has pedido a Dios que quite y Él no lo ha hecho?

_____
_____
_____
_____

5. ¿Por qué podría Dios decidir no solucionar o eliminar ciertos problemas? ¿Cuáles son algunas metas más grandes que podría Él tener en mente? Si Dios no quita tus dificultades, ¿qué podría estar tratando de hacer en lugar de eso? (ver Job 23:10, Ro. 5:3-4, Stg. 1:2-4).

_____
_____
_____
_____

6. ¿De qué manera has visto a Dios obrar en tu vida o en las vidas de otros a través de las dificultades?

_____
_____
_____

## RESPONDE

7. Identifica el mayor problema que enfrentas actualmente. ¿Qué podría Dios querer enseñarte por medio de esa dificultad? Si Dios nunca "arregla" ese problema, ¿cómo podría Él usar esa circunstancia para cambiarte o para revelar su carácter a través de ti?

_____
_____
_____

*Señor, sé que tú quieres lo mejor para mí. Tú deseas ayudarme a madurar. Entiendo que a veces la única manera en que puedo crecer es por medio del sufrimiento. Te pido que me concedas la paz y la paciencia para aceptar tu voluntad perfecta para mi vida en medio de las dificultades que enfrento en este momento. Amén.*

## CAMINEMOS JUNTAS EN LA VERDAD...

1. ¿Por qué es tan esencial nuestro concepto acerca de Dios?

   _____

   _____

2. ¿Cuáles son algunos conceptos equivocados que tienen las personas acerca de Dios? ¿De qué manera afecta esa visión al estilo de vida de las personas?

   _____

   _____

   _____

3. Después de leer y estudiar el capítulo 2, ¿qué verdad acerca de Dios te pareció especialmente alentadora o útil? (ver páginas 65-66 en *Mentiras que las mujeres creen*).

   _____

   _____

■ **MENTIRA #1: En realidad, Dios no es bueno.**

■ **VERDAD:** Dios es bueno, y todo lo que hace es bueno. Él nunca comete errores.

4. ¿Cuál es la fuente de maldad en el mundo? Lee Génesis 3:1-8 y comenta de qué manera el pecado ha afectado a todas las personas y la creación entera.

   _____

   _____

   _____

5. Frente al pecado que trajo maldad a nuestro mundo, ¿qué hizo Dios por nosotros como respuesta? Lee y comenta Efesios 2:4-10.

   _____

   _____

■ **MENTIRA #2: Dios no me ama.**

■ **VERDAD:** El amor de Dios por nosotros es infinito e incondicional. No necesitamos logros para ganarnos el amor o el favor de Dios. Él siempre quiere lo mejor para nosotras.

■ **MENTIRA #3: Dios es idéntico a mi padre.**

■ **VERDAD:** Dios es idéntico a lo que ha revelado de sí mismo en su Palabra. Dios es infinitamente más sabio, amoroso y generoso que cualquier padre terrenal.

CITA DE *Nancy*

*"La verdad es que Dios es bueno. Sin importar que sus decisiones nos parezcan buenas o no, Él es bueno. Sin importar que lo sintamos o no, Dios es bueno. Sin importar que esto parezca real o no en nuestra vida, Él sigue siendo bueno". (p. 52)*

6. ¿Por qué la gente siente a menudo que necesita ganarse el amor de Dios? ¿Qué papel juegan a veces los padres terrenales en este razonamiento?

_____

_____

CITA DE *Nancy*

*"Dios no nos ama porque seamos adorables o dignas, sino porque Él es amor. Nada podemos hacer para merecer o ganarnos su amor. No podemos comprender semejante amor incondicional. Con todo, si lo creemos y lo recibimos, su amor transformará nuestra vida". (p. 298)*

7. Lee Romanos 8:35-39. ¿Cómo describe Pablo el amor de Dios? ¿Qué significa para ti ser amada de esa manera?

_____

_____

_____

■ **MENTIRA #4: Dios no es suficiente.**
■ **VERDAD:** Dios es suficiente. Si lo tenemos a Él, tenemos todo lo que necesitamos.

8. ¿Qué cosas usas a veces para llenar los vacíos de tu corazón?

_____

_____

_____

_____

9. ¿Cómo cambiaría nuestra manera de vivir si realmente creyéramos que Cristo y su Palabra son suficientes para suplir las necesidades más profundas de nuestro corazón?

_____

_____

■ **MENTIRA #5: Los designios de Dios son demasiado restrictivos.**
■ **VERDAD:** Los designios de Dios son los mejores. Las restricciones que Dios impone son siempre para nuestro bien. Resistirse o rebelarse contra los designios de Dios siempre trae conflicto y sufrimiento.

10. ¿Cuáles son algunas instrucciones en el Nuevo Testamento que podrían considerarse molestas, poco razonables, o injustas? Comenta de qué manera esas instrucciones existen en realidad para nuestro bienestar y protección.

_____

_____

■ **MENTIRA #6: Dios debería solucionar mis problemas.**
■ **VERDAD:** En este mundo tendremos problemas y aflicción. Nuestro sufrimiento y aflicción tienen un propósito y al final redundarán en nuestro bien y en su gloria. Hay un propósito divino y eterno que se cumple en medio de nuestro sufrimiento. Sin importar el problema que debamos enfrentar, la gracia de Dios es suficiente para nosotras.

11. ¿De qué maneras obra Dios a través de nuestros problemas para ayudarnos a madurar en Él? ¿Alguna vez has experimentado esta clase de crecimiento mediante el sufrimiento? ¿Cómo fue la experiencia?

_____

_____

12. Este capítulo cita las palabras del maestro de la Biblia G. Campbell Morgan: "La necesidad suprema en la hora de dificultad y angustia es una visión renovada de Dios. Verlo a Él nos permite adquirir una perspectiva y una medida correcta de las cosas". ¿Qué área de tu vida sería diferente si lograras tener "una visión renovada de Dios"?

_____

_____

_____

CITA DE *Nancy*

*"Nuestro sabio y amoroso Padre celestial dice: 'Tengo un propósito bueno y hermoso con todo esto. Quiero usar tu sufrimiento y tus problemas para cambiarte y revelar mi gracia y mi poder al mundo'... Esa es la verdad que nos hace libres". (p. 64)*

# CAPÍTULO TRES

# Verme como Dios *me ve*

## SÍNTESIS...

E l capítulo anterior trató las *Mentiras que las mujeres creen* acerca de Dios, y explicó cómo lo que creemos acerca de Dios afecta lo que creemos acerca de todo lo demás. Un área esencial que se ve afectada es lo que creemos acerca de nosotras mismas. Si no creemos que Dios es bueno, amoroso, compasivo y perdonador, no podremos creer que Él quiere lo mejor para nosotras o que nos ama, nos entiende y puede perdonar nuestros pecados más oscuros y profundos. El capítulo 3 presenta seis mentiras que muchas mujeres creen acerca de ellas mismas.

La primera mentira tiene que ver con su valía personal. Muchas mujeres se sienten inferiores y sin valor porque permiten que otros determinen cuánto valen, en lugar de aceptar la verdad de que en Cristo son hijas de Dios profundamente amadas.

La segunda mentira se oye por todas partes, y es el mensaje de que "amarnos a nosotras mismas" resolverá todos nuestros problemas. El inconveniente con esta idea es que nosotras ya nos amamos a nosotras mismas. Es algo que ocurre de manera natural. Lo que a menudo parece ser una falta de amor propio, en realidad es un concepto equivocado de Dios y de lo que valemos para Él. Tenemos que aprender a recibir el amor de Dios para que su amor pueda llenarnos y derramarse a través de nosotras en otras vidas.

La tercera mentira expresa una especie de premonición: "No puedo cambiar mi manera de ser". Esta mentalidad nos reduce a víctimas indefensas. Si bien nuestras circunstancias nos moldean, somos responsables por las elecciones que hacemos. Si somos hijas de Dios, el Espíritu Santo vive en nosotras, y Él nos da el poder para obedecer a Dios.

La cuarta mentira constituye una bandera de esta cultura tan acostumbrada a reclamar los "derechos". Sin embargo, centrarnos en nuestros derechos percibidos solo nos lleva a sentirnos decepcionadas y heridas. La verdadera libertad viene cuando entregamos nuestros derechos y expectativas a Dios.

La quinta es la mentira acerca de la belleza física. Muchas mujeres miran las carátulas de las revistas y anhelan tener la piel sedosa, los muslos delicados, el vientre plano, y la nariz perfecta que ven impresos allí.

Los billones de dólares que las mujeres gastan cada año tratando de verse jóvenes o volverse hermosas son prueba del poder de esta mentira. Aunque no hay nada de malo en ser atractiva físicamente, las mujeres cristianas deberían ocuparse más en cultivar la belleza interna y verdadera del espíritu, la clase de belleza que aumenta en vez de disminuir con la edad.

La última mentira se centra en nuestros anhelos personales. Las mujeres que caen en este engaño sienten que es el deber de Dios satisfacer sus anhelos más profundos. Aunque los anhelos en sí mismos no sean pecaminosos, el peligro es exigir que Dios cumpla nuestras expectativas, o que busquemos satisfacer nuestros deseos de manera pecaminosa. Al enfocarnos en nuestros anhelos insatisfechos, podemos pasar por alto el hecho de que Dios, con su sola presencia, satisface las necesidades más profundas de nuestro corazón. Más aún, Él promete que un día nada nos faltará.

## EXPLOREMOS LA VERDAD...

# ACEPTA EL DICTAMEN DIVINO *(pp. 67-74)*
## DÍA UNO

### DESCUBRE

1. Describe una ocasión en tu vida en la que te sentiste en la cima del mundo. Luego, describe una ocasión en la que te sentiste que no valías nada. ¿Qué factores comunes observas en ambas experiencias? (Por ejemplo, ¿en ese momento dependían tus sentimientos de la reacción de los demás frente a ti, a tu apariencia, o a tu desempeño?).

_____

_____

2. Lee el Salmo 139:1-18. ¿Qué te revela este salmo acerca del corazón y de los pensamientos de Dios hacia ti?

_____

_____

### REFLEXIONA

3. ¿Hay alguien de quien ansías recibir afirmación? ¿Alguien cuya aprobación es extremadamente importante para ti, quizá más de lo que debería?

_____

_____

4. ¿De qué modo han afectado tus pensamientos esas ansias de aceptación de otros? ¿Cómo han afectado tus emociones? ¿Tu comportamiento? ¿Tus relaciones con los demás?

_____

_____

5. Lee Romanos 5:6-11. ¿Qué hace posible que nosotras, en nuestro estado pecaminoso y caído, siendo enemigas de Dios, seamos aceptadas por Él?

_____

_____

CITA DE *Nancy*

*"Cuando Dios envió a Jesús, su Hijo Unigénito, a esta tierra para llevar nuestros pecados en la cruz, Él nos puso un precio. Él declaró que el valor de nuestra alma excedía al del mundo entero". (p. 72)*

6. ¿Qué efecto crees que puede tener una visión renovada de tu posición en Cristo en tus interacciones con la familia y los amigos?

_____

_____

_____

### RESPONDE

7. ¿Cómo puedes empezar a renovar tu mente para comprender y confiar en el amor de Dios por ti y su aceptación que te ofrece por medio de Cristo?

_____

_____

*Señor, gracias por amarme tanto. Gracias por escogerme y salvarme. Gracias porque por medio de Cristo he recibido tu aceptación y soy tu precioso tesoro. Ayúdame a pensar de mí misma como tu hija amada, y a gozarme en el privilegio de mi relación contigo. Amén.*

# ACEPTA TU RESPONSABILIDAD *(pp. 74-77)*
## DÍA DOS

## DESCUBRE

1. Anota algunas excusas que has oído de otras personas para justificar su mal comportamiento (por ejemplo, "mis padres se divorciaron", "nunca tuvimos suficiente dinero", o "nunca me sentí amada").

_____

_____

_____

2. Es obvio que el ambiente en el cual nos criamos afecta lo que somos. Sin embargo, estos factores no necesariamente determinan lo que somos. Las circunstancias negativas no siempre significan que un niño termine mal, así como las experiencias positivas tampoco suponen que un niño siempre termine bien. ¿Cuál crees tú que es el factor determinante?

_____

_____

3. Algunas personas viven como víctimas toda su vida. ¿Qué efecto produce esto en ellas? ¿Quién controla sus vidas?

_____

_____

_____

## REFLEXIONA

4. Lee Colosenses 3:1-17. Partiendo de lo que Cristo es y de lo que ha hecho por nosotras (Col. 1–2), el apóstol Pablo nos dice que somos responsables de tomar decisiones sabias en cada área de nuestra vida, lo cual incluye nuestras actitudes, nuestro comportamiento y nuestras relaciones. Según estos versículos, ¿qué debemos "hacer morir"? ¿De qué debemos "revestirnos"?

_____

_____

_____

5. En Gálatas 5:22-23, ¿qué promete Pablo que nos ayudará a hacer el Espíritu Santo en nuestra vida?

_____

_____

_____

> CITA DE *Nancy*
>
> "Creer la mentira de 'no puedo cambiar mi manera de ser' puede limitarnos a vernos como víctimas indefensas de las personas y de las circunstancias que no podemos cambiar ni controlar. Lo que sugiere es que alguien más o algo más es responsable por lo que somos, que somos como marionetas cuyo destino es ser controladas por quienquiera que hale nuestras cuerdas". (p. 76)

## RESPONDE

6. ¿En qué área(s) de tu vida has responsabilizado tus circunstancias, tu crianza, o a otra persona por tu manera de ser, en lugar de asumir tu responsabilidad personal? ¿Qué crees que Dios quiere que pienses acerca de esa lucha? ¿Qué fruto del Espíritu (del pasaje de Gálatas) necesitas para poder superar ese problema?

_____

_____

_____

*Señor, estoy de acuerdo contigo en que no soy una víctima indefensa de mis circunstancias ni de mi pasado. Entiendo que puedo ser incapaz de cambiar las circunstancias de mi vida, pero en virtud de lo que Jesús ha hecho por mí y en mí, puedo controlar mi actitud y mis respuestas. Por el poder de tu Espíritu, te pido que me ayudes a elegir obedecerte, a asumir la responsabilidad de mis acciones, y a ser transformada a la imagen de Cristo. Amén.*

# CEDE TUS DERECHOS *(pp. 77-81)*
## DÍA TRES

## DESCUBRE

1. Mira la lista de cosas que muchas mujeres reclaman como sus "derechos", en las páginas 78-79 de *Mentiras que las mujeres creen*. Si bien podrías desear que todas estas cosas fueran parte de tu vida, ¿cuál es el problema con insistir en que son derechos?

_____

_____

---

### CITA DE *Nancy*

*"A mediados del siglo XX, se les dijo a las mujeres que exigir sus derechos sería su boleto a la felicidad y libertad... El hecho es que las relaciones exitosas y las culturas saludables no se construyen sobre la exigencia de los derechos, sino sobre la cesión de los mismos".* (pp. 77-78)

---

2. Cuando las personas reclaman sus "derechos", ¿cómo responden cuando se violan esos supuestos derechos? ¿Por qué la exigencia de los derechos lleva a menudo al enojo, la amargura, la depresión y las relaciones rotas?

_____

_____

## REFLEXIONA

3. Lee el Salmo 37:1-11. ¿Qué actitudes y comportamientos manifiesta una persona que reclama sus "derechos"? Describe las actitudes y respuestas de la persona que ha entregado sus derechos y expectativas a Dios.

_____

_____

4. ¿En qué área(s) de tu vida has tenido la tendencia a pensar que algo era tu derecho (por ejemplo, un matrimonio saludable, buenos hijos, una iglesia libre de problemas, amigos leales), cuando en realidad no eran derechos en absoluto? ¿Han cambiado tus supuestos al respecto? ¿Por qué?

_____

_____

## RESPONDE

5. Haz una lista de "derechos" a los cuales todavía te aferras, al igual que cualquier expectativa que has depositado en otros. Hazte el propósito de renunciar a esos "derechos" y expectativas, y de entregarlos a Dios.

_____

_____

*Padre, confieso mi tendencia a reclamar mis "derechos", y a enojarme, resentirme e impacientarme cuando son violados esos "derechos". Por la fe, te entrego esos "derechos" y expectativas. Confío en que tú suplirás mis necesidades y llevarás a cabo tus propósitos en mi vida. Amén.*

## BELLEZA DURADERA *(pp. 81-86)*
### DÍA CUATRO

## DESCUBRE

1. Algunas mujeres que poseen una gran belleza física son también las más infelices. ¿Por qué la belleza física no necesariamente hace feliz a una mujer?

_____

_____

2. Lee 1 Samuel 16:7. ¿Qué significa que Dios mira el corazón de las personas?

_____

_____

## REFLEXIONA

3. ¿Cómo compararías el tiempo y el esfuerzo que inviertes en tu apariencia física con el tiempo y el esfuerzo que consagras a cultivar un corazón y un espíritu hermosos?

_____

_____

4. Lee Proverbios 31:30, 1 Timoteo 2:9-10 y 1 Pedro 3:1-6. ¿Por qué preocuparse solo por la belleza externa y física limita nuestra visión?

_____

_____

CITA DE *Nancy*

*"El engaño de que la belleza física merece mayor estima que la belleza de corazón, de espíritu y de vida deja a hombres y a mujeres por igual sintiéndose poco atractivos, avergonzados, apenados y defectuosos sin remedio... La Palabra de Dios nos recuerda... lo fugaz que es la belleza física y la importancia de buscar la belleza interior y duradera". (pp. 82-83)*

5. Según los pasajes anteriores, ¿cuáles son las cualidades que hacen a una mujer verdaderamente hermosa delante de Dios y de los demás? ¿De qué manera afectan esas cualidades su apariencia externa?

_____

_____

6. ¿Cómo describirías una visión bíblica y equilibrada de tu apariencia física? ¿Dónde trazarías la línea entre el cuidado de ti misma y el deseo de verte bien, y un énfasis exagerado en la apariencia física?

_____

_____

## RESPONDE

7. ¿Cómo puedes desarrollar un corazón que refleja una belleza verdadera?

_____

_____

*Padre, entiendo que la belleza más importante a la que puedo aspirar es la clase de belleza que viene del interior. Te pido que forjes en mí esa belleza interior verdadera y duradera que te agrada. Amén.*

# ENTREGAR NUESTROS ANHELOS *(pp. 86-90)*
## DÍA CINCO

### DESCUBRE

1. ¿Cuáles son algunos deseos de tu corazón que aún no se han cumplido (por ejemplo, casarte, mejorar tu matrimonio, tener hijos, encontrar un trabajo satisfactorio, recobrar la salud, etc.)?

_____

_____

2. Lee Deuteronomio 8:3. ¿Por qué permitió Dios a su pueblo pasar hambre (es decir, tener deseos insatisfechos) en el desierto?

_____

_____

3. ¿Por cuáles otras razones Dios no permite que todos los deseos de sus hijos se cumplan aquí y ahora?

_____

_____

### REFLEXIONA

4. Considera los anhelos legítimos que anotaste en la pregunta 1, y responde: ¿Has caído en la trampa de exigir que Dios cumpla tus deseos, o te resientes porque Él no ha querido hacerlo? ¿Has tomado algunas decisiones pecaminosas como resultado de tratar de satisfacer esos anhelos de formas ilegítimas?

_____

_____

_____

5. Lee Eclesiastés 3:11. ¿Qué significa que Dios ha puesto eternidad en nuestros corazones?

_____

_____

> ### CITA DE *Nancy*
>
> *"Es importante comprender que nuestros anhelos no son necesariamente pecaminosos en sí mismos. Lo que está mal es... exigir que se satisfagan aquí y ahora, o persistir en suplirlos de forma ilegítima". (p. 88)*

6. Lee Filipenses 3:20—4:1. ¿Qué significa que nuestra ciudadanía está en los cielos? ¿Qué implicaciones tienen este pasaje y el versículo de Eclesiastés frente a los deseos legítimos que puedes tener y que Dios ha preferido no concederte?

_____

_____

7. Según el Salmo 16:11, ¿cuál es el único lugar donde todos nuestros anhelos pueden ser satisfechos por completo?

_____

_____

## RESPONDE

8. Elisabeth Elliot nos recuerda que los anhelos insatisfechos se convierten en "material para el sacrificio". A nivel práctico, ¿cómo podrías ofrecer uno o más anhelos tuyos como sacrificio al Señor?

_____

_____

*Señor, tengo muchos anhelos en el fondo de mi ser. Entiendo que estos anhelos no son necesariamente malos, pero ayúdame a no intentar satisfacerlos de la manera equivocada. Te pido que me ayudes a ser paciente, sabiendo que tú quieres lo mejor para mí. Gracias porque vendrá un día en el que mi sed y los anhelos más profundos de mi alma serán satisfechos completamente en tu presencia. Amén.*

# CAMINEMOS JUNTAS EN LA VERDAD...

1. Después de leer y estudiar el capítulo 3, ¿qué verdad te pareció especialmente alentadora o útil? (ver páginas 91-92 en *Mentiras que las mujeres creen*). ¿Te pareció alguna verdad difícil de aceptar?

_____

_____

- **MENTIRA #7: No soy valiosa.**
- **VERDAD:** Nuestro valor no depende de lo que otros piensan de nosotras o de lo que nosotras pensamos de nosotras mismas. La manera en que Dios nos ve es lo que determina nuestro valor. Dios pagó el precio más alto para hacernos suyas. Si somos hijas de Dios, somos su precioso tesoro y posesión.

- **MENTIRA #8: Tengo que amarme más.**
- **VERDAD:** Necesitamos recibir por la fe el amor de Dios por nosotras. Dios quiere que experimentemos su amor y le permitamos amar a otros por medio de nosotras.

2. ¿Qué criterio utiliza la mayoría de las personas para determinar su propio valor o el valor de otros?

_____

_____

3. Se oye mucho acerca de la necesidad de una autoestima sana y de aprender a amarnos a nosotras mismas. ¿Cuál es el problema con este tipo de enfoque?

_____

_____

4. Lean Lucas 12:4-7. ¿Por qué el temor de Dios brinda seguridad?

_____

_____

■ **MENTIRA #9: No puedo cambiar mi manera de ser.**

■ **VERDAD:** Si somos hijas de Dios, podemos tomar la decisión de obedecerlo. Somos responsables de nuestras propias elecciones. Podemos cambiar gracias al poder de su Espíritu.

5. Lee Romanos 6:1-14 y 8:1-2. Según estos pasajes, ¿por qué somos libres para vivir en victoria sobre el pecado y sobre el yo? ¿Cuál es nuestra fuente de poder para vivir esta nueva vida?

_____

_____

_____

> CITA DE *Nancy*
>
> *"Si creemos que es imposible para nosotras cambiar nuestra manera de ser, nunca cambiaremos. Seguiremos viviendo en esclavitud. Si creemos que estamos condenadas a fracasar, a seguir pecando, a ser infelices, lo que sucederá es que, en efecto, fracasaremos, seguiremos pecando y seremos siempre mujeres infelices y fracasadas".* (p. 76)

6. Pablo reconoce en Gálatas 5:17 que los cristianos estamos involucrados en una guerra entre la carne y el Espíritu. ¿Qué consejo bíblico darías a un creyente que tiene luchas con el pecado y que dice "no puedo cambiar"? (ver 2 Co. 5:17 y Gá. 5:16).

_____

_____

_____

■ **MENTIRA #10: Tengo mis derechos.**

■ **VERDAD:** Exigir los derechos puede ponernos en esclavitud espiritual. Ceder nuestros derechos nos hará libres.

7. Anota una ilustración de una ocasión en la cual exigiste un derecho y reaccionaste de manera pecaminosa cuando ese derecho fue vulnerado (por ejemplo, cuando no pudiste avanzar en tu auto por culpa de otros conductores, cuando un familiar te ofendió, etc.).

_____

_____

8. ¿De qué manera afecta la cesión de nuestros derechos a nuestra relación con Dios? ¿Y con los demás?

_____

_____

9. Durante tu estudio de esta semana, ¿qué derecho o expectativa te viste desafiada a entregar al Señor?

_____

_____

- **MENTIRA #11: La belleza física es más importante que la interior.**
- **VERDAD:** En el mejor de los casos, la belleza física es pasajera y efímera mientras vivamos en esta tierra. La belleza que más le interesa a Dios es la de nuestro espíritu y nuestro carácter.

> CITA DE *Nancy*
>
> *"Como mujeres cristianas, tenemos un llamado elevado y santo a reflejar la belleza, el orden, la excelencia y la gracia de Cristo, a fin de que otros puedan ver el cambio que Él opera en nuestras vidas... En todo, nuestra meta es reflejar la belleza de Cristo y hacer el evangelio atractivo para nuestro mundo". (pp. 84-85)*

10. ¿A quién conoces que sea ejemplo de la belleza de Cristo en su espíritu? Describe cómo es esa mujer.

_____

_____

_____

11. ¿Cuáles son algunas maneras prácticas en que las mujeres cristianas pueden cultivar la belleza verdadera, espiritual? ¿Cómo pueden las mujeres cristianas hacer que el evangelio sea "atractivo para el mundo"?

_____

_____

_____

_____

_____

- **MENTIRA #12: Tengo derecho a satisfacer todos mis anhelos.**
- **VERDAD:** Siempre tendremos anhelos insatisfechos en esta vida. Los anhelos más profundos de nuestro corazón no pueden ser satisfechos por persona ni cosa alguna. Si podemos aceptarlos, nuestros anhelos insatisfechos harán que crezca nuestra añoranza de Dios y del cielo.

12. Lee Hebreos 11:13-16. Compara la vida en esta tierra con lo que ha sido prometido a los creyentes. ¿De qué manera enfocarnos en la eternidad nos ayuda a sobrellevar los anhelos insatisfechos aquí en la tierra?

_____

_____

# CAPÍTULO CUATRO

# CÓMO ENTENDER EL *pecado*

## SÍNTESIS...

El capítulo 4 trata las *Mentiras que las mujeres creen* acerca del pecado. A muchas personas les gustaría deshacerse por completo de la noción de pecado. Creen que no existe una norma absoluta del bien y del mal, que la verdad es una cuestión personal, y que la tolerancia es el bien supremo.

Las Escrituras revelan a un Dios santo cuyo carácter determina lo que está bien y lo que está mal. Afirma claramente que el pecado es real y que para Él es un asunto importante. De hecho, lo es tanto que envió a su Hijo a morir para solucionar ese problema una vez y para siempre.

¿Qué mentiras creen las mujeres acerca del pecado? La primera es que las personas pueden pecar y salirse con la suya. A primera vista esto puede parecer cierto, porque sucede todo el tiempo. De hecho, pareciera que las personas son recompensadas por su pecado: dinero, fama, poder y ascensos. Sin embargo, la verdad es que los pecadores van a sufrir las consecuencias de su pecado. Los placeres que procura el pecado al final se vuelven amargos.

La segunda y tercera mentiras acerca del pecado representan dos extremos. Una mentira es que nuestro pecado no es gran cosa, y la otra es que nuestro pecado es tan grande que ni siquiera Dios puede perdonarlo.

Todo pecado constituye una infracción de la ley de Dios, sin importar cuánto tratemos de racionalizarlo. Si bien hay diferentes pecados que pueden tener consecuencias más o menos graves, todo pecado merece la muerte porque es un acto de rebelión contra Dios. Por otro lado, creer que nuestro pecado es demasiado grande y escapa a la misericordia de Dios es subestimar el poder de la cruz.

La cuarta mentira achaca la responsabilidad del pecado a todos los demás excepto a nosotras mismas. Tratamos de justificar nuestros pecados, los atribuimos a nuestro matrimonio infeliz, a los rasgos de personalidad que heredamos de nuestros padres, o tal vez a experiencias dolorosas de la infancia. La verdad es que somos responsables por cada una de las decisiones que tomamos, incluso de nuestra decisión de pecar.

La última mentira de este capítulo aborda nuestra actitud hacia el pecado. Sugiere que somos incapaces de vencer con firmeza el pecado. ¡Eso no es cierto! Como creyentes hemos recibido el Espíritu Santo y una vida nueva. Aun cuando tengamos luchas con nuestra carne pecaminosa hasta el día en que muramos, ya no somos esclavas del pecado. Podemos tener victoria sobre el pecado en virtud de lo que Cristo ha hecho por nosotras.

## EXPLOREMOS LA VERDAD...

# LA VERDAD ACERCA DEL PECADO *(pp. 93-100)*
## DÍA UNO

### DESCUBRE

1. En tus propias palabras, define "pecado".

2. Lee Génesis 2:15-3:24. ¿Qué proveyó Dios para Adán y Eva? ¿Por qué impuso Dios unas consecuencias tan severas por comer un fruto?

> CITA DE *Nancy*
>
> *"Es lamentable que no siempre reconozcamos la conexión que existe entre nuestras elecciones naturales y carnales, y las consecuencias involuntarias en nuestra vida, ya sean inmediatas o en el largo plazo". (p. 97)*

3. Según Romanos 5:12 y 18, ¿cuál fue el efecto del pecado de los primeros seres humanos en el mundo?

### REFLEXIONA

4. Aun si nadie descubre jamás tu pecado, ¿quién lo conoce? (ver Pr. 5:21; 20:27). El temor del Señor supone vivir conscientes en todo tiempo de la presencia de un Dios santo que todo lo sabe. ¿De qué manera esa consciencia te puede proteger del pecado?

5. Puede que tú no creas de manera consciente que puedes pecar y quedar impune. Sin embargo, todas vivimos como si a veces creyéramos esa mentira. Da un ejemplo de un pecado que cometiste sin detenerte realmente a pensar lo que te costaría.

## RESPONDE

6. Volvernos más conscientes de las consecuencias del pecado nos ayudará a evitarlo. Con base en las Escrituras y en tu propia experiencia, escribe una lista de algunas consecuencias del pecado. Tal vez quieras llevarla contigo esta semana para que, cuando te sientas tentada a pecar, consideres las consecuencias antes de tomar tu decisión.

_____

_____

*Padre, entiendo que el pecado es muy real, tan real que tuviste que pagar el precio por mi pecado por medio de la muerte de tu Hijo, Jesús. Señor, tú sabes todo de mí: mis pensamientos, mis motivaciones y mis deseos. Ayúdame a ser consciente de tu presencia a lo largo de este día. Guarda mi corazón y mantenme alejada del pecado, en el nombre de Jesús. Amén.*

# VER EL PECADO TAL COMO ES *(pp. 100-102)*
## DÍA DOS

## DESCUBRE

1. ¿Alguna vez te has comparado con otras personas y has pensado: "Al menos yo no soy tan mala"? ¿Qué pecados en tu vida parecen menos importantes cuando se les compara con los pecados de otros? (Contesta con franqueza).

_____

_____

2. Lee Gálatas 5:19-21. Enumera "las obras de la carne" que describe este pasaje. Si bien existen diferentes pecados con diferentes consecuencias, ¿hay algún pecado de estos que a los ojos de Dios sea "menos pecaminoso" que los otros?

_____

_____

_____

> CITA DE *Nancy*
>
> *"Lo que podría parecer 'limpio' al compararnos con otros pecadores, en realidad es completamente diferente a la luz de la santidad perfecta de Dios". (p. 101)*

3. Según Romanos 6:23, todo pecado acarrea la misma consecuencia final. ¿Cuál es?

_____

_____

## REFLEXIONA

4. ¿Por qué requería Dios sacrificios de sangre en el Antiguo Testamento (ver He. 9:22)? ¿Cómo cumplió la muerte de Jesús esa condición?

_____

_____

5. Considera el precio que pagó Jesús para redimirte del pecado. A la luz de este hecho, ¿cómo cambiaría tu manera de ver los "pequeños" pecados en tu vida?

_____

_____

## RESPONDE

6. ¿Qué pecado(s) en tu vida has banalizado o tomado con ligereza? Pide a Dios que te permita comprender mejor la gravedad del pecado, y lo mucho que tu pecado le costó a Él.

_____

_____

*Señor, confieso que a veces olvido que ante tus ojos no hay pecados "pequeños", y que cada pecado que cometo es un acto de rebelión contra ti. Ayúdame a no justificar mi pecado, sino a comprender su gravedad y arrepentirme de corazón. Ayúdame a verme a mí misma, y mi pecado, a la luz de tu absoluta santidad y de la cruz de Cristo. Amén.*

# EL PECADO Y LA GRACIA *(pp. 102-103)*
## DÍA TRES

## DESCUBRE

1. A algunas personas les resulta difícil recibir el perdón de Dios porque sienten que sus pecados son demasiado grandes. Por lo general, ¿qué clase de pecados considera la gente tan graves que Dios no puede perdonar?

_____

_____

2. Cuando Jesús murió en la cruz, ¿qué logró? (ver Is. 53:6 y Jn. 1:29).

_____

_____

## REFLEXIONA

3. Si creemos que nuestros pecados son tan grandes que Dios no puede perdonarlos, ¿qué sugiere esto acerca de la muerte de Jesús en la cruz?

_____

_____

_____

> CITA DE *Nancy*
>
> *"[A muchas mujeres] les resulta difícil aceptar la misericordia y el perdón divinos. Sienten que para restaurar su comunión con Dios y ganarse su favor deben sumar algún esfuerzo para alcanzar el perdón de sus pecados, algo así como hacer 'penitencia' y de algún modo ser lo bastante buenas para resarcir el daño causado". (p. 102)*

4. Según Proverbios 28:13 y 1 Juan 1:9, ¿cómo nos apropiamos del perdón de Dios? ¿Cuál es el resultado cuando lo hacemos?

_____

_____

_____

5. ¿Qué tipo de cosas hacen las personas en su intento por "expiar" sus pecados? ¿Cuáles son algunas maneras en que has tratado de "ganarte" el favor de Dios después de haber pecado?

_____

_____

6. ¿Qué dirías a alguien que piensa que sus pecados son demasiado grandes para que Dios los perdone?

_____

_____

## RESPONDE

7. ¿Qué significa para ti el perdón divino de tus pecados?

_____

_____

> *Padre, gracias porque la sangre de Cristo es suficiente para cubrir todo mi pecado. Gracias por ofrecer perdón y limpieza a cada pecador que viene a ti en arrepentimiento y fe. Gracias porque no hay pecado demasiado grande para que tú lo perdones. Recibo por la fe tu perdón por cada pecado que he cometido. Ayúdame a andar como tu hija perdonada y limpia. Amén.*

# ASUME TU RESPONSABILIDAD *(pp. 103-106)*
## DÍA CUATRO

### DESCUBRE

1. Lee 1 Juan 1:5-10. ¿Qué significa "andar en luz" en lo que respecta a nuestro pecado?

_____

_____

> CITA DE *Nancy*
>
> *"Cuando nos sentimos enojadas, ansiosas, fastidiadas, impacientes, o temerosas, nuestra respuesta natural es atribuir al menos parte de la responsabilidad a las personas o las circunstancias que 'nos llevaron' a actuar de ese modo". (p. 105)*

2. Lee 2 Corintios 5:21, donde se describe el sacrificio de Jesús por nuestro pecado. ¿Qué nos dice este versículo acerca del gran intercambio que Dios hizo posible en el Calvario?

_____

_____

_____

### REFLEXIONA

3. ¿Hay pecados en tu vida que has justificado como simples "debilidades" o "rasgos de personalidad"? Si es así, ¿cuáles son?

_____

_____

_____

4. ¿Has estado jugando el juego de culpar a otros? ¿Hay pecados que estás cometiendo y que has justificado como una reacción a tus circunstancias o a las faltas de otros (por ejemplo, culpar a tu esposo, a tus hijos, tu trabajo, tu crianza)? Si es así, ¿cuáles son?

_____

_____

5. Lee el Salmo 51:1-10. ¿Cómo encontró David perdón y alivio de la culpa después de haber pecado con Betsabé?

_____

_____

## RESPONDE

6. Vuelve a leer el Salmo 51:1-10 en voz alta, como una oración a Dios. Acepta tu responsabilidad personal por cada pecado específico que Dios te ha revelado mientras respondías estas preguntas. Confiésalas a Él como pecado. (Confesar significa simplemente estar de acuerdo con Dios acerca de tu pecado. Es llamarlo por su nombre, no un error, un problema, una lucha, una reacción justificada al pecado de alguien, sino pecado).

_____

_____

*Señor, reconozco que soy la única responsable de mis propias acciones y decisiones,*
*sin importar mis circunstancias o lo que me hayan hecho. Sé que en ocasiones trato de*
*encubrir mis pecados culpando a otras personas o las circunstancias. Perdóname. Gracias*
*por tu abundante gracia cada vez que vengo a ti con mi culpa y mi pecado. Amén.*

# VICTORIA SOBRE EL PECADO *(pp. 106-112)*
## DÍA CINCO

## DESCUBRE

1. La salvación no nos exime de pecar. De hecho, Romanos 7:15-25 muestra que incluso el apóstol Pablo batalló con el pecado. ¿De qué forma te identificas con las palabras de Pablo en este pasaje? Según el versículo 25, ¿cuál es la clave para experimentar victoria sobre "la ley del pecado"?

_____

_____

2. Según Romanos 8:1-14, ¿cuál es el papel que juega el Espíritu Santo en liberarnos de la esclavitud de nuestra carne?

_____

_____

## REFLEXIONA

3. ¿Hay pecados en tu vida que sientes que no puedes vencer?

_____

_____

_____

*"Tú y yo somos incapaces de cambiar nuestra propia vida, pues así lo declaró Jesús: 'separados de mí nada podéis hacer' (Jn. 15:5). Entonces, ¿qué debemos hacer? ¿Cómo podemos librarnos de un hábito pecaminoso? Es la verdad la que nos hace libres. Y la verdad es que gracias a la obra consumada de Cristo en la cruz podemos vivir en victoria sobre el pecado. Satanás ya no es nuestro dueño, y ya no tenemos que vivir como esclavas del pecado". (p. 109)*

4. ¿De qué modo la obra de Cristo en la cruz tiene el poder para liberarnos de la esclavitud del pecado? ¿Qué verdades podrías compartir con una amiga que vive derrotada por un pecado que se ha vuelto un hábito?

_____

_____

_____

## RESPONDE

5. Lee Gálatas 2:20. ¿Qué significa estar crucificado con Cristo? ¿Cómo se traduce eso a tu manera de vivir este día?

_____

_____

_____

6. El primer paso para andar en victoria sobre el pecado es reconocer que no tienes que vivir bajo el control del pecado (dando por hecho que eres una hija de Dios). Habla con el Señor acerca de las áreas específicas en las que has continuado cediendo al control del pecado. Dale gracias porque, en la cruz, Jesús quebrantó el poder del pecado para reinar en tu vida. Pídele que te muestre cómo andar en sumisión al Espíritu y cómo experimentar la victoria que te pertenece por medio de Cristo.

_____

_____

_____

*Padre, te doy gracias por Jesús, quien vino a liberarme del yugo del pecado. De acuerdo con tu Palabra, afirmo que ya no soy esclava del pecado. Ayúdame a vivir en esa libertad. Gracias por tu Espíritu que vive en mí y me da el poder para decir "no" a la carne y decirte "sí" a ti. Amén.*

# CAMINEMOS JUNTAS EN LA VERDAD...

1. En un sentido, el problema del pecado constituye el tema de toda la Biblia, que relata cómo empezó el pecado y lo que Dios determinó hacer al respecto porque nos ama. Piensa en el carácter de Dios, en su amor, su justicia, su poder y demás atributos. ¿Por qué Dios toma el pecado con tanta seriedad? ¿Por qué no pudo nada más decir "los perdono, Adán y Eva. Dejemos atrás este pequeño incidente con el fruto y sigamos adelante"?

   _____

   _____

2. Después de leer y estudiar el capítulo 4, ¿qué verdad te pareció especialmente alentadora y útil? (ver páginas 113-114 en *Mentiras que las mujeres creen*). ¿Te pareció alguna verdad difícil de entender o aceptar? ¿Por qué?

   _____

   _____

■ **MENTIRA #13: Puedo pecar y quedar impune.**

■ **VERDAD:** Las decisiones que tomamos hoy tendrán consecuencias futuras. Vamos a cosechar lo que sembramos. Los placeres del pecado son pasajeros. El pecado cobra un precio devastador. No hay excepciones. Si jugamos con fuego vamos a quemarnos. No podremos escapar de las consecuencias de nuestro pecado.

3. Muchas personas quieren negar la realidad del pecado. Sin embargo, es un hecho ineludible. ¿Cómo se manifiestan las consecuencias citadas en las páginas 98-99 de *Mentiras que las mujeres creen* en nuestra sociedad actual? ¿Es cierto que cualquiera puede pecar y "salirse con la suya"?

   _____

   _____

4. Comenta una situación en la que hiciste una elección pecaminosa ("grande" o "pequeña") y experimentaste consecuencias inesperadas.

   _____

   _____

■ **MENTIRA #14: En realidad, mi pecado no es tan malo.**

■ **VERDAD:** Todo acto pecaminoso es un acto de rebelión contra Dios. No hay pecado pequeño.

■ **MENTIRA #15: Dios no puede perdonar lo que he hecho.**

■ **VERDAD:** La sangre de Jesús es suficiente para limpiar todos nuestros pecados. No existe un pecado tan grande que Dios no pueda perdonar. La gracia de Dios sobrepasa cualquier pecado que podría cometerse.

5. Estas dos mentiras, "En realidad, mi pecado no es tan malo" y "Dios no puede perdonar lo que he hecho", son lados opuestos de la misma moneda. Una banaliza el pecado, y la otra minimiza la gracia de Dios. Ambas subestiman la muerte de Jesús en la cruz, y ambas son mentiras que el enemigo usa para mantenernos cautivas. Refiere un pecado en tu vida que hayas catalogado como "no tan malo", o un pecado por el que te haya costado mucho recibir el perdón de Dios.

_____

_____

> ### CITA DE *Nancy*
>
> *"La cruz revela con la mayor severidad lo que Dios piensa del pecado y el pago indescriptible para redimirnos de lo que con ligereza denominamos 'flaquezas'. Asimismo, la cruz exhibe en toda su intensidad el amor y la misericordia de Dios aun hacia 'el peor' de los pecadores". (p. 103)*

6. ¿De qué manera la cruz nos muestra la verdad acerca de estas dos mentiras?

_____

_____

■ **MENTIRA #16: No es mi culpa.**

■ **VERDAD:** Dios no nos hace responsables de las acciones de otros. Somos las únicas responsables de nuestras propias decisiones.

7. Lee la cita de la página 106 de *Mentiras que las mujeres creen* que empieza con las palabras: "El pecado es la mejor noticia...". ¿Qué quiere decir el autor? ¿En qué sentido el pecado constituye una "buena noticia"?

_____

_____

8. Describe una situación en la que has intentado culpar a alguien o algo por tu pecado, en lugar de asumir la responsabilidad personal por tus propias decisiones.

_____

_____

■ **MENTIRA #17: Soy incapaz de vencer con firmeza el pecado.**

■ **VERDAD:** Si somos hijas de Dios, no estamos obligadas a pecar. No somos esclavas del pecado; por medio de Cristo fuimos liberadas del pecado. Por la gracia de Dios y mediante la obra consumada de Cristo en la cruz, puedo tener victoria sobre el pecado.

9. Por qué crees que Dios no nos imparte una perfección sin pecado en el instante mismo en el que recibimos a Cristo como Salvador?

_____

_____

10. Según Hebreos 10:10, la santidad no es algo que hacemos, sino algo que somos en virtud de Cristo. ¿Cómo debería esa verdad afectar nuestra forma de vivir y la manera en que manejamos nuestra tendencia a pecar?

_____

_____

11. Como hijas de Dios, somos libres del yugo del pecado, aunque nuestra carne todavía batalla contra el Espíritu de Dios que mora en nosotras. ¿Cuáles son algunas maneras en que podemos manejar y someter a diario nuestra carne al control del Espíritu?

_____

_____

_____

_____

12. ¿En qué área de tu vida no experimentas la victoria sobre el pecado? (A medida que las mujeres de tu grupo expresan sus respuestas a esta pregunta, dediquen tiempo a orar brevemente por cada una. La semana que viene, anima a cada una a orar a diario por otra compañera que batalla con algún pecado en su vida).

_____

_____

_____

_____

_____

CITA DE *Nancy*

*"Querida amiga, ¿cuál es tu situación? El enemigo quiere mantenerte cautiva del temor, la duda y la culpa. Dios quiere que tú camines en libertad, en fe y en la seguridad del perdón. Sin importar cuán 'buena' seas, solo la fe en Cristo te justifica delante de Dios. Tampoco importa cuán pecadora hayas sido, porque su gracia te basta. Por medio de la muerte de Cristo, Dios proveyó la única solución para tu pecado".* (p. 111)

# CAPÍTULO CINCO

# ORGANIZA TUS *prioridades*

## SÍNTESIS...

En este capítulo trataremos tres mentiras que muchas mujeres creen acerca de sus prioridades. Luego descubriremos las verdades correspondientes en la Palabra de Dios. Te animo a aplicar la verdad de Dios a tus prioridades personales a lo largo de la semana.

La primera mentira tiene que ver con nuestras muchas actividades y compromisos. Mira a tu alrededor las mujeres que conoces (amigas, familiares, colegas) o echa un vistazo a tu propia agenda. A pesar del sinnúmero de aparatos y comodidades que permiten ahorrar tiempo, muchas vivimos sin aliento, agobiadas, exhaustas, convencidas de que simplemente el día no cuenta con suficientes horas.

La segunda mentira tiene que ver con la prioridad que le asignamos a nuestra relación personal con Cristo. Tal vez pensemos que estamos demasiado ocupadas para incluir un tiempo de quietud en nuestra agenda, o sencillamente la palabra "quietud" ha desaparecido de nuestra ajetreada vida. A veces simplemente no sabemos qué o cómo abordar ese tiempo devocional, así que lo omitimos. Pensamos que podemos seguir adelante sin necesidad de esto. Creemos que estamos preparadas para todo en nuestras propias fuerzas.

La tercera mentira trata acerca de la prioridad que damos a nuestros hogares. Hemos oído decir que el verdadero hogar es donde está nuestro corazón. Pero, por desdicha, muchas veces nuestros corazones se inclinan a cualquier otra parte menos hacia el hogar. Nada revela mejor el fruto de las mentiras como la vida cotidiana al interior de los muros de nuestra casa. A pesar de que la cultura actual clama a gritos que el trabajo por fuera del hogar es más importante, la Palabra de Dios nos llama a demostrar el evangelio en toda su plenitud en y a través de nuestros hogares.

# LAS PRIORIDADES DE DIOS *(pp. 115-121)*
## DÍA UNO

## DESCUBRE

1. Conforme a la siguiente escala, evalúa tus prioridades, tu agenda, y tu uso del tiempo. Señala en qué punto de la escala te ubicas en cada una de las siguientes categorías por pares.

| | | |
|---|---|---|
| Tranquila, en paz | 1 2 3 4 5 | Estresada, exhausta |
| Ordenada | 1 2 3 4 5 | Fuera de control |
| Uso significativo del tiempo | 1 2 3 4 5 | Reacciones improvisadas frente a la vida |
| Buena administración del tiempo | 1 2 3 4 5 | Gran desperdicio de tiempo |
| Prioridades equilibradas | 1 2 3 4 5 | Abrumada por las exigencias |
| Satisfecha de cumplir con listas de tareas | 1 2 3 4 5 | Frustrada por tareas inconclusas |
| Espíritu tranquilo | 1 2 3 4 5 | Espíritu tenso |
| Hacer "primero lo primero" | 1 2 3 4 5 | Distraída en asuntos secundarios |
| Guiada por el Espíritu | 1 2 3 4 5 | Guiada por otros o por las circunstancias |

## REFLEXIONA

2. La palabra *prioridad* viene de la palabra latina *prior*, que significa "primero". Nuestras prioridades son aquellas cosas que toman "el primer lugar" de nuestro tiempo y atención. Todas vivimos conforme a prioridades; pero ¿son las prioridades *correctas*? ¿Ponemos primero lo primero? Lee Mateo 6:25-34 y Lucas 10:38-42. ¿Cuáles son algunas de las cosas que compiten por el "primer lugar" en nuestra vida? ¿Cuál debería ser la máxima prioridad para toda hija de Dios?

_____

_____

3. Lee Proverbios 3:5-6. ¿Cuáles son algunas de las consecuencias que podemos experimentar si confiamos en nuestra propia prudencia en lugar de fiarnos en Dios para organizar nuestras prioridades?

_____

_____

**CITA DE** *Nancy*

*"La verdad es que mi única obligación es llevar a cabo la obra que Dios me ha asignado. ¡Qué gran libertad hay en aceptar que tengo el tiempo necesario para cumplir con lo que Dios me asigna en un día!".*
(p. 119)

4. Según los versículos que acabas de leer, y Proverbios 2:1-6, ¿cómo podemos discernir qué responsabilidades nos asigna Dios y cuáles son nada más nuestra propia iniciativa?

_____

_____

_____

### RESPONDE

5. Completa esta frase: "Antes de emprender nuevas actividades, buscaré primero la dirección de Dios de la siguiente manera...".

_____

_____

_____

6. Escribe una breve oración de compromiso expresando tu deseo de conocer y hacer la voluntad de Dios y de vivir según sus prioridades.

_____

_____

_____

*Señor, quiero vivir de acuerdo con tus prioridades para mi vida.*
*Te pido que me guíes y me des sabiduría. Enséñame lo que es más*
*importante para ti. Ayúdame a hacer los ajustes necesarios en mi agenda,*
*y a usar los días que me has dado para cumplir tu plan. Amén.*

# EL EJEMPLO DE JESÚS *(pp. 116-121)*
## DÍA DOS

### DESCUBRE

1. Hacia el final de su ministerio terrenal, Jesús dijo a su Padre: "Yo te he glorificado en la tierra; he acabado la obra que me diste que hiciese" (Jn. 17:4). ¿Qué revela este versículo acerca de las metas y las prioridades de Jesús para su vida?

_____

_____

2. Según Hechos 20:24, ¿qué similitud había entre las metas y prioridades del apóstol Pablo y las del Señor Jesús?

_____

_____

## REFLEXIONA

3. Si tu meta en la vida es glorificar a Dios y terminar la obra que Él te ha asignado, ¿cómo debe afectar esto tu agenda diaria y el uso de tu tiempo?

_____

_____

4. ¿Qué consejo útil nos da Efesios 2:10 acerca de las responsabilidades y las actividades específicas de los creyentes? ¿Cómo afecta esta perspectiva tu intención de vivir una vida piadosa y ordenada?

_____

_____

## RESPONDE

5. Enumera tus actividades del día promedio o de una semana típica de tu vida.

_____

_____

_____

6. De las actividades que anotaste en la pregunta anterior, ¿cuáles considerarías "opcionales"? ¿Concuerdan estas actividades con tus prioridades (y las de Dios) para esta etapa de tu vida? ¿Por qué sí? o ¿por qué no?

_____

_____

7. Asigna la prioridad de cada una de las actividades opcionales con un número. ¿Estás atendiendo las prioridades más importantes? Si no, ¿qué puedes hacer para simplificar tu vida y tener tiempo para lo más importante? Pregunta a Dios qué cambios podrías hacer en tu agenda que te ayuden a glorificarlo a Él y a cumplir su agenda para tu vida.

_____

_____

8. ¿Qué necesitas para acostarte cada noche y poder decir: "Por tu gracia he cumplido la obra que me diste que hiciera"?

_____

_____

*Señor, tú conoces mi agenda y todas las exigencias sobre mi vida que parecen venir de todas partes.*
*Te pido que me ayudes a tomar decisiones sabias con respecto a mis actividades diarias, para*
*que al final del día yo pueda decir que he terminado la obra que me diste que hiciera. Amén.*

# TIEMPO EN LA PALABRA *(pp. 121-125)*
## DÍA TRES

## DESCUBRE

1. Según los siguientes versículos del Salmo 119, ¿cuáles son algunas características y funciones de la Palabra de Dios?

v. 9 _____
_____

vv. 25, 28 _____
_____

vv. 50, 52 _____
_____

v. 72 _____
_____

vv. 98-100 _____
_____

vv. 104, 130 _____
_____

v. 165 _____
_____

## REFLEXIONA

2.  Lee Job 23:12 y Mateo 4:4. ¿Qué nos ayudan estos versículos a entender acerca de la prioridad de alimentarnos diariamente de la Palabra de Dios? ¿En qué sentido es más importante "alimentarse" de la Palabra que comer alimento físico?

    _____

    _____

3.  Describe tu etapa actual en la vida. (Por ejemplo, si estás persiguiendo niños pequeños todo el día, si estás trabajando, si estás llevando y trayendo hijos de sus actividades, o si tus hijos ya se han marchado del hogar). Teniendo en cuenta tu etapa actual, anota varias áreas específicas de tu vida en las que necesitas la ayuda, la guía, la sabiduría o el consuelo de Dios.

    _____

    _____

    _____

4.  Al examinar tu lista, ¿de qué manera podría la Palabra de Dios suplir tus necesidades presentes?

    _____

    _____

## RESPONDE

5.  Si evalúas tu consumo de la Palabra de Dios en los últimos seis meses, ¿qué frase describe mejor tu condición espiritual?

    ☐ desnutrida—casi sin alimento

    ☐ deficiente—subsistencia en el nivel mínimo

    ☐ saludable—dieta equilibrada y constante

6.  ¿Qué acciones prácticas puedes tomar para aumentar tu consumo diario de la Palabra y darle prioridad a tu tiempo a solas con Dios?

    _____

    _____

*Señor, entiendo mi necesidad de pasar tiempo cada día en tu Palabra. Te pido que me des más hambre de leer y meditar en tu Palabra. Háblame a través de sus páginas. Cambia mi vida conforme te busco en tu Palabra. Amén.*

# TIEMPO EN ORACIÓN *(pp. 121-125)*
## DÍA CUATRO

### DESCUBRE

1. Lee Mateo 14:23, Marcos 1:35, Lucas 6:12, y Lucas 9:28. Jesús tenía la costumbre de apartarse para orar a solas. ¿Por qué crees que la oración era una prioridad esencial para Él?

   _____

   _____

2. Lee 1 Samuel 23:2, 4 y el Salmo 5:3. ¿De qué manera es la vida de David un ejemplo de la importancia de la oración?

   _____

   _____

### CITA DE *Nancy*

*"Algunas veces me da la impresión de que Dios me dice: '¿Quieres enfrentar este día sola? Adelante, hazlo'. Y, ¿cuál es el resultado? En el mejor de los casos será un día vacío, estéril y enfocado en mí misma. En el peor de los casos, todo es un desastre... Cada vez que comienzo mi día humillándome delante de Dios, reconociendo que no puedo vivir en mis fuerzas y que necesito de Él, tengo su divino auxilio para sustentarme a lo largo del día". (p. 124)*

### REFLEXIONA

3. ¿Tienes la costumbre diaria de pasar tiempo a solas con Dios, leer su Palabra y orar? Si no, ¿qué cosas por lo general se interponen para hacerlo?

   _____

   _____

4. Piensa en un día en el que intentaste "vivir en tus fuerzas". ¿Cómo salió todo? ¿De qué manera tu vida es diferente cuando pasas tiempo a solas con Dios?

   _____

   _____

### RESPONDE

5. ¿Cómo puedes seguir el ejemplo de Jesús con respecto al tiempo a solas con Dios? (Esto no significa necesariamente que tengas que levantarte cada día cuando todavía está oscuro).

   _____

   _____

6. Si te cuesta pasar tiempo diario a solas con Dios porque estás muy ocupada, trata de agendarlo. Pídele al Señor que te muestre cuál es el mejor tiempo del día para ti. Fija esa hora en tu calendario para tener una cita diaria con Dios.

*Padre, quiero cultivar una relación más íntima contigo. Te pido que me enseñes a orar. Dame el deseo y la disciplina para dedicar tiempo a diario para comunicarme contigo. Amén.*

# EL CORAZÓN DE TU HOGAR *(pp. 125-131)*
## DÍA CINCO

## DESCUBRE

1. Lee y medita en Proverbios 31:10-31. Estos versículos presentan un retrato de una mujer cuya vida está organizada en torno a las prioridades que Dios honra. ¿Qué puedes aprender de ella acerca de las prioridades de una mujer que "teme al Señor"?

## REFLEXIONA

2. ¿Cuáles son algunos frutos que nuestra cultura ha cosechado como resultado de la seducción de los corazones de las mujeres a buscar su realización por fuera del hogar?

CITA DE *Nancy*

*"Nada revela mejor el fruto de las mentiras como la vida al interior de los muros de nuestra casa". (p. 127)*

3. ¿Por qué es tan importante la familia en la economía de Dios? ¿Por qué los roles de "esposa" y "madre" son vitales en la construcción de hogares fuertes?

4. ¿De qué formas prácticas pueden demostrar las mujeres, tanto solteras como casadas, la prioridad de cultivar un hogar que revele a otros el evangelio?

_____

_____

## RESPONDE

5. Busca la página 128 en *Mentiras que las mujeres creen* y repasa la lista de lo que no significa la frase "cuidadosas de su casa" en Tito 2. ¿Qué aplicación incorrecta de esta verdad bíblica has oído o creído?

_____

_____

6. Como parte del cuerpo de Cristo, ¿cómo puedes animar a otras mujeres en su llamado como esposas, madres y guardas de sus hogares? ¿De qué formas prácticas puedes invertir tu tiempo y energía en la familia de Dios?

_____

_____

*Gracias, Señor, por el llamado único que has dado a las mujeres en sus hogares. Quiero cumplir el papel para el cual me has creado. Si hay cambios que necesito hacer en mis prioridades, por favor, muéstrame lo que tengo que hacer y dame el valor para llevarlo a cabo. Ayúdame a hacer de mi hogar un refugio, un lugar donde tú eres amado y dado a conocer. Amén.*

## CAMINEMOS JUNTAS EN LA VERDAD...

1. Después de leer y estudiar el capítulo 5, ¿qué verdad te pareció especialmente alentadora o útil? (ver página 132 en *Mentiras que las mujeres creen*). ¿Te pareció alguna verdad difícil de aceptar?

_____

_____

■ **MENTIRA #18: No tengo tiempo para cumplir con todas mis obligaciones.**
■ **VERDAD:** Cada día tenemos el tiempo necesario para cumplir con todo lo que Dios nos ha encomendado.

2. ¿Cómo puedo saber y creer que esta verdad nos libera de falsas expectativas?

_____

_____

3. ¿Cuáles son algunas razones por las cuales asumimos más responsabilidades de las que Dios tiene en mente para nosotras?

_____

_____

_____

_____

4. ¿Por qué es importante tener en cuenta la etapa de la vida en la que nos encontramos para evaluar nuestras prioridades? ¿Cuál es el resultado de tratar de hacer cosas que no son la prioridad de Dios para esa etapa?

_____

_____

5. Conforme surgen las oportunidades para añadir actividades a tu agenda, ¿cómo puedes decidir cuáles son la prioridad de Dios para ti?

_____

_____

6. ¿Qué papel pueden jugar otros creyentes (esposo, padres, amigos piadosos, mujeres mayores) en ayudarnos a mantener las prioridades de Dios para nuestra vida y nuestra agenda diaria? ¿Cómo podemos aprovechar este recurso?

_____

_____

■ **MENTIRA #19: Puedo arreglármelas sin consagrar tiempo a la oración y el estudio de la Palabra.**

■ **VERDAD:** No podremos convertirnos en las mujeres que Dios espera que seamos, a menos que consagremos tiempo a cultivar una relación con Él mediante la oración y el estudio de su Palabra.

7. ¿Por qué crees que nos resulta a menudo tan difícil dar prioridad en nuestra vida a la oración y la lectura de la Biblia?

_____

_____

8. Reflexiona sobre tu respuesta a la pregunta 5 en la página 58 de esta guía de estudio. Comenta algún compromiso específico que el Señor te haya guiado a hacer esta semana en lo que respecta a tu vida devocional. (Esta es una buena oportunidad para animar y orar las unas por las otras a lo largo de las próximas semanas).

■ **MENTIRA #20: Mi trabajo en casa no es tan importante como el trabajo o las otras actividades que hago por fuera.**

■ VERDAD: El cuidado de nuestros hogares es un aspecto fundamental para que podamos glorificar a Dios y promover el avance de la obra de su reino. El trabajo que realizamos en nuestros hogares es crucial para el avance del evangelio.

CITA DE *Nancy*

*"Lo que sucede al interior de nuestro hogar, y no solo fuera de él, es un indicador de nuestra salud espiritual. Nuestro matrimonio, nuestros hijos, y nuestras interacciones con nuestros huéspedes y vecinos deben contar la historia del evangelio". (p. 129)*

9. Lee 1 Timoteo 5:9-10 y Tito 2:4-5. ¿Qué nos dicen estos pasajes acerca de las prioridades de Dios para las mujeres cristianas?

   _____

   _____

   _____

   _____

10. Comenten entre sí aquello que Dios haya puesto en sus corazones acerca de la necesidad de enfocarse más en ministrar las necesidades de su familia, o de usar el hogar para el ministerio.

    _____

    _____

    _____

    _____

# CAPÍTULO SEIS

# EL DISEÑO DIVINO PARA LA
## *sexualidad*

## SÍNTESIS...

Este capítulo es tu licencia para estudiar, comentar y (si eres casada) disfrutar del bello don divino del sexo. El capítulo 6 de *Mentiras que las mujeres creen* fue escrito principalmente por la escritora Dannah Gresh, e identifica cinco mentiras comunes acerca de la sexualidad que a menudo confunden a las mujeres.

La primera mentira se centra en la vergüenza que muchas mujeres experimentan como resultado del pecado sexual. Ya sea que luchen con una adicción sexual (por ejemplo, el uso de pornografía), la atracción hacia personas del mismo sexo, la represión sexual (por ejemplo, la incapacidad de disfrutar del sexo matrimonial saludable), o las secuelas del abuso sexual, muchas mujeres creen la mentira de que no pueden contarle a nadie sus luchas en el área sexual. El enemigo usa la vergüenza para aislarlas. En cambio, Cristo otorga el poder para sacar a la luz nuestro pecado y vergüenza, compartir nuestras cargas con otros y recibir sanidad.

La segunda mentira en este capítulo incluye la tendencia a separar nuestra sexualidad de nuestra espiritualidad, y a reducir nuestra comprensión de la sexualidad cristiana a una lista de reglas olvidando la visión más amplia del diseño de Dios para el sexo. La Palabra de Dios nos presenta esa visión, y nos ayuda a entender por qué Él pone límites de protección alrededor del sexo.

La tercera mentira examina a fondo por qué el pecado sexual puede ser tan difícil de vencer, y por qué liberarse de sus consecuencias puede ser complicado. Las mentiras acerca de la sexualidad atentan directamente contra nuestro diseño como portadoras de la imagen de Dios, por lo que resulta tentador ver nuestra sexualidad como algo que somos en vez de algo que hacemos. La Palabra de Dios nos presenta una visión exacta de nuestra identidad, y nos enseña que honrar a Cristo por medio de nuestra sexualidad es un factor esencial para cumplir nuestro papel como portadoras de su imagen.

La cuarta mentira que trata este capítulo lleva a las mujeres a creer que las normas bíblicas para el sexo son anticuadas. La sexualidad distorsionada de nuestros días no es algo nuevo. Tanto los creyentes del Antiguo como del Nuevo Testamento vivieron rodeados de normas culturales similares. Aun así, Dios los llamó a un modo de vida superior, y Él nos llama también a vivir conforme a esa norma de santidad. La ética sexual de las mujeres cristianas no debe parecerse en absoluto a la de este mundo. Por medio de su Palabra, Dios llama a su pueblo a vivir conforme a dos normas éticas eternas que existen para nuestro bien.

La quinta mentira abarca dos mentiras que tratamos en el capítulo tres: "Tengo mis derechos" y "Tengo derecho a satisfacer todos mis anhelos". En el contexto de la sexualidad, esta mentira nos engaña para creer que tenemos derecho a encontrar una salida para nuestros deseos sexuales, y que no podemos vivir sin sexo. Lo que no podemos es vivir sin intimidad. Experimentamos libertad cuando reconocemos que Jesús es el único que puede realmente satisfacer nuestros anhelos más profundos de amor verdadero.

## EXPLOREMOS LA VERDAD...

# EL SALVADOR NOS DEFINE *(pp. 133-141)*
## DÍA UNO

### CITA DE *Dannah*

*"Satanás busca encubrir nuestros pecados, dificultades, faltas y temores sexuales en forma de vergüenza. Sin embargo, como vemos en el primer matrimonio, no hay vergüenza en el sexo y en la sexualidad saludable que Dios honra". (p. 136)*

### DESCUBRE

1. Repasa la lista de la página 135 en *Mentiras que las mujeres creen*. Encierra en un círculo aquellas afirmaciones que has creído. Completa la siguiente frase con cualquier otra versión de esta mentira que hayas creído.

"No puedo contarle a nadie que... _____

_____".

2. Busca Isaías 64:6. ¿Cómo nos describe este pasaje en comparación con un Dios santo? Así podemos vernos a nosotras mismas cuando hemos cometido pecados sexuales: impuras, sucias, contaminadas. No obstante, la Palabra de Dios nos ofrece una alternativa. Busca y lee Isaías 61:10, unos capítulos antes del pasaje anterior. ¿Con qué ofrece vestirnos Dios? ¿Qué crees que estos dos versículos combinados nos dicen acerca de lo que podemos hacer con nuestros "pequeños secretos sucios"?

_____

_____

_____

3. Lee Santiago 5:16. ¿Cuáles son dos prácticas a las que Santiago anima a los creyentes? ¿Cuáles son los resultados prometidos?

_____

_____

## REFLEXIONA

4. ¿Por qué piensas que es tan difícil confesar la tentación y el pecado sexual?

_____

_____

5. Lee Efesios 5:11-14. ¿Qué nos anima el autor de Efesios a hacer con "las obras infructuosas de las tinieblas"? ¿Qué promesa ofrece este pasaje si obedecemos en sacar nuestros pecados a la luz?

_____

_____

6. Lee 1 Juan 1:7. Compara y contrasta lo que este versículo y los anteriores versículos de Efesios 5 enseñan acerca de la vida en las tinieblas en contraste con la vida en la luz.

La vida en las tinieblas significa...           La vida en la luz significa...

_____           _____

_____           _____

_____           _____

## RESPONDE

7. Lee en voz alta 1 Juan capítulo 1 como una declaración de tu deseo de vivir en la luz, sin ocultar nada en el área del pecado sexual.

> *Señor, quiero caminar en la luz porque tú estás en la luz. Quiero tener contigo*
> *y con los demás una comunión que el pecado y los secretos no puedan estropear*
> *ni estorbar. Gracias porque tu sangre me limpia de todo pecado. Amén.*

# ABRAZAR EL DISEÑO DE DIOS *(pp. 141-145)*
### DÍA DOS

## DESCUBRE

1. Algunas personas piensan que la Biblia no dice mucho acerca de la sexualidad, y que por ende nos corresponde a nosotras descifrar por nuestra cuenta el designio divino. Esta es una idea equivocada muy común, ¡y no podría estar más alejada de la verdad! Busca los siguientes versículos. Frente a cada cita, escribe lo que enseña la Biblia acerca del sexo.

Proverbios 5:18-19

_____

Efesios 5:3

_____

1 Tesalonicenses 4:3-5

_____

Hebreos 13:4

_____

CITA DE *Dannah*

*"Desde Génesis hasta Apocalipsis, la Biblia usa con frecuencia el lenguaje relacionado con el matrimonio y la intimidad sexual para ilustrar y explicarnos el diseño de Dios para el sexo, y para instruirnos acerca de cómo se define el comportamiento sexual cristiano".* (p. 141)

2. Escribe 1 Corintios 6:18 en el espacio de abajo. Encierra en un círculo la palabra que denota la acción a la cual nos exhorta este versículo para enfrentar el pecado sexual. Luego, subraya la razón por la cual el pecado sexual es tan destructivo.

_____

_____

_____

3. Lee Hechos 3:18-20. ¿Qué nos permite apartarnos del pecado? ¿Cuál es el resultado prometido del arrepentimiento?

_____

_____

## REFLEXIONA

4. Repasa Génesis 1:26-27. ¿Por qué creó Dios el sexo biológico (masculinidad y feminidad)? Cuando nuestra sexualidad se aparta del diseño divino, ¿qué imagen queda distorsionada?

_____

_____

5. ¿De qué manera has visto, en tu propia vida o en la de otros, que el pecado sexual lleva a la confusión acerca del carácter y la voluntad de Dios?

_____

_____

## RESPONDE

6. Lee de nuevo Hebreos 13:4. Anota algunos pasos que puedes tomar para honrar el diseño de Dios para tu matrimonio o para los matrimonios de otras personas.

_____

_____

_____

Ahora escribe los pasos que puedes dar para honrar el matrimonio y la sexualidad en la iglesia.

_____

_____

_____

*Señor, sé que creaste la sexualidad como una obra maestra diseñada para revelar algo acerca de ti. Ayúdame a honrar las normas para la sexualidad que tu Palabra ha establecido, y a usar mi sexualidad para pintar un bello cuadro de lo que tú eres. Amén.*

# NUESTRA VERDADERA IDENTIDAD *(pp. 146-150)*
## DÍA TRES

### DESCUBRE

1. El pecado sexual puede ser el resultado o la causa de una crisis de identidad cuando se confunden nuestras acciones (algo que *hacemos*) con nuestro diseño (lo que *somos*). La Palabra de Dios abunda en descripciones de nuestra identidad que no se basan en nuestras acciones. Busca los siguientes versículos. Junto a cada cita, completa la declaración "Yo soy" que describe quién eres según la Palabra de Dios.

- Mateo 5:13-14 Yo soy... _____

_____

- Juan 15:15-16 Yo soy... _____

_____

- Romanos 8:14-17 Yo soy... _____

_____

- Efesios 2:10 Yo soy... _____

_____

- 1 Tesalonicenses 5:5 Yo soy... _____

_____

- 1 Pedro 2:9 Yo soy... _____

2. Lee Colosenses 3:3. ¿Qué le ocurre a nuestra identidad cuando rendimos nuestra vida a Cristo?

_____

_____

### CITA DE *Dannah*

*"Lo más importante acerca de tu sexualidad no es lo que sientes, sino lo que Dios dice que es verdad". (p. 147)*

### REFLEXIONA

3. En *Mentiras que las mujeres creen*, Dannah describe que se sentía emocionalmente paralizada por su pecado sexual. Escribe acerca de una ocasión en la cual quedaste emocionalmente paralizada por el pecado (sexual o cualquier otro). ¿Qué verdades de la Palabra de Dios te ayudaron a salir del estancamiento?

_____

4. ¿Existen áreas de pecado en tu propia vida que parecen tan predominantes o permanentes que podrías decir "esto es lo que soy"? (Por ejemplo, pecado sexual, ira, celos, avaricia, etc.). Anota todo lo que venga a tu mente y escríbelo para completar las anteriores frases de "Yo soy...". Dedica tiempo a comparar las dos listas. Pide al Señor que te ayude a comprender que tu verdadera identidad radica en Aquel que te creó, no en lo que tú haces.

5. Escribe el Salmo 51:5 en el siguiente espacio. ¿Qué revela este versículo acerca de nuestra identidad?

_____

_____

## RESPONDE

6. Lee Romanos 1:1-6. ¿A quién estamos llamadas a pertenecer (v. 6)? ¿Qué sugieren estos versículos acerca de por qué podemos obedecer los mandamientos de Dios?

_____

_____

*Señor, aparte de ti solo encuentro mi identidad en los lugares equivocados. Ayúdame a confiar en tu Palabra por encima de mis propios sentimientos y planes. Enséñame a vivir cada día en la realidad de que he muerto, y que mi vida está escondida contigo. Amén.*

# UNA VIDA DE INTEGRIDAD SEXUAL *(pp. 150-154)*
## DÍA CUATRO

## DESCUBRE

1. ¿Cuáles son algunos mensajes que transmite la cultura acerca de la sexualidad? (Piensa en las series televisivas, las películas, las canciones y los podcasts que están en boga actualmente).

_____

_____

2. En tus propias palabras, resume los dos compromisos centrales que las Escrituras nos llaman a adoptar en relación con nuestra ética sexual (ver páginas 151-154 en *Mentiras que las mujeres creen*).

#1 _____

#2 _____

3. ¿Cuáles son algunas diferencias entre la representación cultural de una vida sexual satisfactoria, y el concepto que encontramos en la Palabra de Dios?

_____

_____

_____

> ### CITA DE *Dannah*
>
> *"Al Diseñador del sexo es a quien le corresponde definir nuestra ética sexual. Dicho de otro modo: si Dios es verdaderamente el Dios de nuestra vida, Él debe ser el Señor de nuestra sexualidad". (p. 150)*

## REFLEXIONA

4. Medita de nuevo en la declaración de la cita del recuadro en esta página: "Si Dios es verdaderamente el Dios de nuestra vida, Él debe ser el Señor de nuestra sexualidad". Comenta una ocasión en la cual decidiste someter tu voluntad a la voluntad de Dios y dejarle tomar las riendas de tu vida.

_____

_____

_____

_____

Al meditar en el designio de Dios para la sexualidad, ¿es esta un área de tu vida que has sometido a su señorío, o de la cual has tratado de mantener el control?

_____

_____

5. Revisa la lista de los nueve pecados sexuales prohibidos en las Escrituras, que aparecen en las páginas 151-152 de *Mentiras que las mujeres creen*. ¿Por qué crees que Dios prohíbe estos actos? ¿De qué manera evitar estos actos contribuye al crecimiento humano?

_____

_____

6. Enfocarnos en todo lo que la Palabra de Dios prohíbe respecto a la sexualidad podría dar la impresión de que Dios se opone al sexo. ¡Pero nada podría estar más lejos de la verdad! Como el Diseñador del sexo, Dios valora tanto su diseño que Él quiere que lo disfrutemos únicamente como Él lo planeó. Lee 1 Corintios 7:3-5. ¿Por qué crees que Dios alienta una vida sexual activa en las parejas casadas?

_____

_____

## RESPONDE

7. Lee Santiago 1:5. ¿Qué promesa se extiende a los creyentes en este versículo? Dedica tiempo a pedirle al Señor que te muestre su plan para tu sexualidad y te ayude a identificar cualquier área de tu pensamiento o comportamiento que no esté en armonía con la ética sexual trazada en su Palabra.

_____

_____

*Señor, gracias porque tú no cambias. Tu diseño para la sexualidad no se altera por la cultura. Dame sabiduría para entender tus designios. Quiero que tú seas el Señor de toda mi vida, incluyendo mi sexualidad. Ayúdame a tomar decisiones en esta área que sean una expresión de lo que yo soy como portadora de tu imagen. Amén.*

# SATISFACCIÓN VERDADERA *(pp. 154-159)*
## DÍA CINCO

### DESCUBRE

1. ¿Dónde has oído el mensaje de que tenemos derecho a satisfacer nuestros deseos? (Piensa en conversaciones, los medios de comunicación y la publicidad).

   _____

2. En *Mentiras que las mujeres creen*, Dannah dice que el sexo fue diseñado para ser experimentado "en un compromiso de pacto para conocer y ser conocido". Con esto en mente, explica por qué los mensajes que promueve el mundo son falsos o inadecuados.

   _____

   _____

3. Lee el relato de la mujer en el pozo que se encuentra en Juan 4:4-30. ¿Qué palabras usarías para describir la interacción de Jesús con la mujer?

   _____

   _____

   _____

> ### CITA DE *Dannah*
>
> "La actividad sexual aparte del plan con que Dios diseñó experimentarla, que es en un compromiso de pacto para conocer y ser conocido, es un reemplazo ineficaz de la intimidad verdadera, y nunca será satisfactoria". (p. 155)

### REFLEXIONA

4. Hemos sido creadas con el deseo de ser conocidas. Busca los siguientes pasajes. Junto a cada cita, escribe lo que enseña la Palabra de Dios acerca de dicho deseo.

   Salmo 31:7

   _____

   _____

   1 Corintios 8:3

   _____

Lucas 12:7

_____

Gálatas 4:9

_____

5. La mujer en el pozo sin duda sabía mucho acerca de sexo. Lo que parecía faltarle era la experiencia de conocer y ser conocida, gozar de una conexión verdadera con otra persona. Cuando encontró a Jesús, el dominio que ejercía sobre ella el sexo sin intimidad se quebró, y ella declaró que había encontrado al Mesías (v. 29). ¿De qué manera luchas a veces para confiar en que Dios satisfará tus necesidades de intimidad? ¿Cómo has buscado suplir tu necesidad de conexión con otros aparte de Él?

_____

_____

6. Dios no solo nos conoce, sino que nos invita a conocerlo. ¿Qué revelan cada uno de los siguientes versículos acerca del deseo de Dios de ser conocido?

Salmo 9:16

_____

Salmo 16:11

_____

Salmo 25:14

_____

Salmo 48:3

_____

## RESPONDE

7. El Salmo 139 describe el conocimiento íntimo que tiene Dios de su creación. Lee todo el salmo como una oración, dando gracias a Dios de que Él ya ha satisfecho tus ansias profundas de ser conocida.

*Señor, gracias porque tú me hiciste en el vientre de mi madre. Gracias porque tú conoces incluso el número de cabellos en mi cabeza, y la palabra en mi lengua aun antes de que yo la pronuncie. Mi deseo de ser conocida fue creado por ti, y tú quieres satisfacerlo. Ayúdame a buscar la verdadera intimidad contigo y con los demás. Amén.*

## CAMINEMOS JUNTAS EN LA VERDAD...

1. ¿Qué mensajes específicos lanza nuestra cultura acerca de la sexualidad? ¿Qué mentiras acerca de la sexualidad has creído?

   _____

   _____

2. Después de leer y estudiar el capítulo 4, ¿qué verdad acerca de Dios te pareció especialmente alentadora o útil? (ver páginas 160-162 en *Mentiras que las mujeres creen*).

   _____

   _____

   _____

> CITA DE *Dannah*
>
> *"El pecado no sucede por casualidad. Nosotras le damos lugar con nuestras propias acciones. Y a menudo esas acciones se nutren de una creencia que simplemente no es verdad".* (p. 157)

- **MENTIRA #21: No puedo contarle a nadie...**
- **VERDAD:** El sexo y la sexualidad saludables están exentos de vergüenza. La culpa es la herramienta que Dios usa para llevarte de vuelta a Él, y está desprovista de condenación innecesaria. La vergüenza es la herramienta de Satanás para alejarnos de Dios. Dios diseñó la iglesia para ministrar sanidad a quienes luchan con el pecado y la vergüenza. Nuestro pasado sexual y nuestras tentaciones presentes no nos definen. La cruz nos define.

3. Repasen Génesis 1:27 en grupo. Los eruditos de la Biblia llaman este pasaje "Imago Dei", para señalar la verdad de que la humanidad fue creada para revelar la imagen de Dios. Con esta importante verdad en mente, ¿por qué crees que el enemigo se empeña en distorsionar la sexualidad santa en cada generación?

   _____

   _____

4. Lee Romanos 12:21. ¿De qué manera nos anima este pasaje a luchar contra el mal en este mundo? ¿Cómo podemos aplicar esta verdad para combatir los mensajes profanos acerca de la sexualidad?

   _____

   _____

- **MENTIRA #22: Mi sexualidad está separada de mi espiritualidad.**
- **VERDAD:** Dios creó los sexos biológicos de hombre y mujer para reflejar algo acerca de su imagen. Cuando un hombre y una mujer se unen en intimidad matrimonial y sexual, reflejan la unidad de Dios Padre, Hijo y Espíritu Santo. El matrimonio y el sexo son una imagen del evangelio.

■ **MENTIRA #23: Esto es lo que soy.**

■ **VERDAD:** Los sentimientos no son hechos. El corazón, o lo que sentimos, puede ser engañoso y perverso. Lo más importante acerca de nuestra sexualidad no es cómo nos sentimos, sino lo que Dios dice que es verdad. Mi identidad es la de portadora de la imagen de Dios. Afirmar que nuestra identidad radica en mi sexualidad niega nuestro propósito de glorificar a Dios.

> ### CITA DE *Dannah*
>
> *"Si el matrimonio es una imagen de nuestra relación con Cristo, debemos conocer el amor de Cristo si queremos dibujar esa imagen. No puedes trazar la imagen de algo que nunca has visto, ¿no es así?".* (p. 158)

5. ¿De qué maneras percibes que nuestra cultura promueve la idea de que la sexualidad y la identidad son intercambiables?

_____

_____

_____

6. Lee Colosenses 2:6–10. ¿Qué palabras usa este pasaje para describir nuestro caminar con Cristo? ¿Cómo podemos animarnos las unas a las otras a evitar ser engañadas "por medio de filosofías y huecas sutilezas" (v. 8)?

_____

_____

_____

■ **MENTIRA #24: Las normas divinas para el sexo son anticuadas.**

■ **VERDAD:** Las normas divinas nunca han estado "de moda". La integridad sexual es cuando nuestras decisiones sexuales son una expresión constante de nuestros compromisos espirituales y relacionales. Dios no quiere que participemos en forma alguna de sexo fuera del matrimonio. Si somos casadas, Dios quiere que participemos del sexo con nuestro esposo de manera regular y para el placer mutuo, salvo cuando nos ponemos de acuerdo en abstenernos durante un tiempo para concentrarnos en la oración.

7. Lean juntas los siguientes pasajes, y comenten lo que nos enseñan acerca del carácter y las normas de Dios.

Malaquías 3:6

_____

Números 23:19

_____

Salmo 102:25–27

_____

¿Cómo debería afectar esta información a nuestra ética sexual como individuos y como pueblo de Dios?

_____

_____

- **MENTIRA #25: Necesito una salida para mi deseo sexual.**
- **VERDAD:** Nuestro anhelo de intimidad es legítimo. El acto físico del sexo es una expresión de la intimidad más profunda que una persona anhela experimentar. Nuestro anhelo de expresarnos sexualmente puede ser una trampa. Buscar esto aparte del plan y del orden de Dios conduce a la esclavitud, no a la satisfacción. Podemos vivir sin una válvula de escape sexual, pero no podemos vivir sin el amor constante de Dios.

8. ¿Cómo has experimentado en tu vida el anhelo de ser conocida? ¿De qué otros recursos has echado mano aparte de Dios para satisfacer esa necesidad?

_____

_____

9. Además de intimidad, ¿cuáles son otras necesidades en tu vida en este momento (sociales, financieras, etc.)? Dediquen tiempo a orar las unas por las otras conforme a esas necesidades. Pidan al Señor que les dé la fortaleza para confiar en su provisión en vez de echar mano de otros recursos o personas para buscar satisfacción.

CITA DE *Dannah*

"La actividad física sexual por sí sola no puede satisfacer tus anhelos de intimidad. Jesús desea satisfacer esa necesidad ante todo con Él mismo, y por medio del don de las amistades humanas puras y apropiadas". (p. 158)

_____

_____

# HONRAR A DIOS EN MI
## *matrimonio*

## SÍNTESIS...

Este capítulo y el siguiente tratan áreas prácticas del matrimonio y la familia. Si eres soltera o no tienes hijos, puedes sentirte tentada a saltarte estos capítulos. Sin embargo, es importante que toda mujer creyente, en cualquier etapa de la vida, entienda la verdad acerca de estos temas.

Ningún lugar supone un desafío más grande para caminar en la verdad como el interior de las cuatro paredes de nuestros hogares. Y, por lo general, en ningún área hemos experimentado en mayor medida las consecuencias del engaño como sufrimiento, fracaso y confusión, como en las relaciones familiares. Algunos temas que tratan estos capítulos son temas candentes en los cuales la Palabra de Dios contradice los supuestos de nuestra cultura que son aceptados por la mayoría. El propósito de este estudio es desafiarnos a examinar cada área de nuestra vida a la luz de las Escrituras.

Si te das cuenta que luchas con algunos conceptos presentados en estos capítulos, pide al Señor que te ayude a determinar con franqueza si tus creencias y opiniones se basan en su Palabra, en tus sentimientos, o en las opiniones de otros. Lo más importante no es que estés de acuerdo con todo lo que dice este libro, sino que estudies la Palabra de Dios y te sometas a su autoridad.

Tanto las mujeres casadas como las solteras batallan con la primera mentira de este capítulo, que equipara el matrimonio con la felicidad. Las mujeres solteras a veces piensan que deben casarse para ser felices, mientras que las mujeres casadas pueden creer que el propósito de sus esposos es hacerlas felices. Ambas mentiras nos llevan a buscar en otras personas la satisfacción de nuestras necesidades, en lugar de buscar a Dios. Las personas son imperfectas y nos pueden decepcionar. Solo Dios nunca nos decepciona.

La segunda mentira empieza a surgir después de que una mujer se casa y se da cuenta de que la brillante armadura de su caballero tiene algunas grietas y puntos oxidados. Entonces se dedica a cambiarlo, arreglarlo y convertirlo en la persona que ella considera mejor. Una vida piadosa y la oración son herramientas poderosas que puede usar una esposa amorosa que busca lo mejor para su esposo. Con ellas, puede ayudarle a convertirse en el hombre que Dios quiere que él sea. Aun si el esposo nunca cambia, la paz y la gracia de Dios van a sustentarla. Necesitamos la ayuda de Dios para poder ver que no nos corresponde a nosotras "arreglar" a nuestro esposo, ni a nuestros hijos, amigos o colegas.

La tercera mentira sugiere que una mujer tiene derecho a esperar que su esposo le sirva. Por supuesto que un esposo amoroso deseará servir a su esposa. Pero si ella se enfoca en cómo él debería ayudarla, en lugar de ocuparse en cómo puede ella bendecirlo y servirlo, va a experimentar desilusión y frustración.

La cuarta mentira introduce la polémica palabra "sumisión". Nuestra sociedad se ha ensañado contra esta palabra, e incluso muchas personas en las iglesias han tratado de eludirla. Sin embargo, la sumisión de una esposa a su esposo no es más que el marco que diseñó nuestro Creador para contar el evangelio y ayudar a que los matrimonios funcionen de manera saludable. Asimismo, es una demostración de confianza de la esposa en la autoridad suprema que tiene Dios sobre su esposo.

La quinta mentira está muy generalizada en una era que se caracteriza por los hombres pasivos y las mujeres dominantes. Muchas mujeres frustradas porque sus esposos no lideran el hogar, asumen ese papel por defecto. Cuando hacen esto, en realidad pueden agravar el problema que intentan resolver.

La sexta y última mentira en este capítulo se vuelve más y más común entre las parejas conforme aumenta la desesperanza frente a su matrimonio. Las Escrituras nos señalan la verdad acerca de los propósitos y el diseño de Dios para el matrimonio, los cuales pueden facultar a las parejas para resolver sus dificultades en lugar de huir de ellas o tirar la toalla.

## EXPLOREMOS LA VERDAD...

# EXPECTATIVAS DEL MATRIMONIO *(pp. 163-168)*
### DÍA UNO

## DESCUBRE

1. ¿De qué manera promueve nuestra cultura expectativas del matrimonio que no son realistas?

_____

_____

CITA DE *Nancy*

*"Las mujeres que se casan con el único propósito de encontrar la felicidad se alistan para una gran decepción, y pocas veces encuentran lo que buscan". (p. 165)*

2. Anota una expectativa que tenías antes de casarte y que luego de casarte te diste cuenta de que no era realista.

_____

_____

_____

## REFLEXIONA

3. Lee Salmo 62:5, 118:8-9 y Jeremías 17:5-8. ¿Por qué es insensato buscar que las personas nos satisfagan y suplan nuestras necesidades? ¿Dónde deberíamos enfocar nuestras expectativas?

_____

_____

4. Reflexiona en tu matrimonio o, si no estás casada, en tu deseo de tener un esposo. Escribe de qué maneras podrías estar esperando que un hombre satisfaga necesidades de tu vida que solo Dios puede suplir. Si nada viene a tu mente en este momento, escribe cómo has observado esta dinámica en las vidas de otros. Ora para que Dios abra tus ojos a cualquier expectativa de ese tipo que haya en tu corazón.

_____

_____

## RESPONDE

5. ¿Recuerdas algunas formas en las que pudiste haber hecho prisionero a tu esposo de tus expectativas presionándolo a satisfacerte y hacerte feliz? Pide a Dios que te ayude a liberar a tu esposo en estas áreas, y elige depositar toda tu esperanza en Él.

_____

_____

6. ¿Cuál es la fuente definitiva de felicidad verdadera? ¿Qué consejo bíblico darías a una mujer que dice que su esposo no la hace feliz? ¿Qué le dirías a una mujer a quien le resulta difícil contentarse sin un esposo?

_____

_____

*Señor, te doy gracias por mi situación presente. Oro para que me ayudes a no buscar en otras personas la satisfacción de mis necesidades, sino a depender únicamente de ti. Entiendo que aunque mi felicidad no depende de ningún ser humano, yo puedo elegir una vida de gozo gracias a mi relación contigo. Amén.*

# DEJA DE SEÑALAR LA VIGA *(pp. 168-172)*
## DÍA DOS

### DESCUBRE

1. Aunque a nuestros propios ojos nos parezcan buenas nuestras intenciones de querer cambiar a nuestros esposos, ¿qué dice la Biblia acerca de las mujeres que corrigen todo el tiempo a sus esposos? (Lee Pr. 17:1; 19:13; 21:9).

   _____

   _____

   _____

### REFLEXIONA

2. ¿Te sientes frustrada por cosas en tu esposo que desearías cambiar? Si es así, ¿cómo has manejado esos sentimientos (por ejemplo, pasarlos por alto, ignorarlo a él, regañar, comentarlo a tus amigas, preocuparte, etc.)?

   _____

   _____

   _____

3. ¿Qué perspectiva y esperanza ofrece Proverbios 21:1 acerca de estas cosas que necesitan cambiar en la vida de tu esposo?

   _____

   _____

   _____

4. ¿De qué manera vivir una vida piadosa delante de tu esposo puede ser provechoso tanto para él como para ti?

   _____

   _____

5. ¿De qué manera puedes orar por tu esposo de tal modo que realmente entregues tu carga al Señor? ¿Qué verdad (es) de la Palabra de Dios puede(n) ayudarte a perseverar si no recibes pronta respuesta a tus oraciones?

   _____

   _____

> CITA DE *Nancy*
>
> *"Cuando nos obsesionamos con tratar de cambiar a nuestro esposo o corregir lo que percibimos en él como faltas y defectos, es probable que terminemos frustradas y resentidas... Asimismo, puede ser que limitemos la obra que Dios quiere hacer en nuestro cónyuge. A veces me pregunto cómo podría Dios obrar en la vida de nuestros esposos si estuviéramos dispuestas a dejarlo encargarse de ese proceso". (p. 169)*

## RESPONDE

6. Lee Mateo 7:1-5. ¿Quisieras que Dios y las demás personas trataran tus imperfecciones de la misma forma que tú tratas los defectos de tu esposo?

_____

_____

7. ¿Cuál "viga" podrías haber pasado por alto en tu ojo, mientras te concentrabas en tratar de quitar la "paja" del ojo de tu esposo? Pide a Dios que te ayude a ver las cosas en tu vida que necesitan cambiar.

_____

_____

*Señor, entiendo que necesito dejarte obrar en mi vida y en la vida de las personas que amo. Ayúdame a no ser fastidiosa, y a no vivir acusando y enojada. Enséñame a vivir una vida recta, y a presentarte en oración mis inquietudes acerca de los demás. Ayúdame a esperar en ti y a confiar en que tú cumplirás tus propósitos en nuestra vida. Amén.*

## UNA MUJER VIRTUOSA *(pp. 173-178)*
### DÍA TRES

## DESCUBRE

1. Lee Mateo 20:28; Juan 13:1-5, 12-17; y Filipenses 2:5-7. ¿Qué significa ser un siervo? ¿Cómo demostró Jesús el corazón de un siervo? ¿Qué aprendemos de su ejemplo acerca de nuestro llamado como seguidoras suyas?

_____

_____

## REFLEXIONA

2. Según Génesis 2:18, Dios creó a la mujer para que fuera una "ayuda idónea" para su esposo. ¿De qué formas puede una esposa "cooperar y hacer equipo con [su esposo] para dar a conocer a Dios y glorificarle"?

_____

_____

3. La mujer virtuosa de Proverbios 31:10-31 es quizás una combinación de las virtudes en muchas mujeres. En el capítulo 5 examinamos sus prioridades. Ahora lee de nuevo el pasaje y medita en lo que puedes aprender de ella acerca de servir a su esposo y su familia. Escribe una o dos ideas.

_____

_____

4. ¿Cómo puede una mujer desarrollar y mantener un corazón de sierva cuando siente que se aprovechan de ella o que nadie aprecia sus esfuerzos? En tu opinión, ¿ser sierva significa acceder a cualquier cosa que te piden? ¿Por qué sí? o ¿por qué no?

CITA DE *Nancy*

"Nunca nos parecemos más a Jesús como cuando servimos".
(p. 177)

_____

_____

## RESPONDE

5. ¿De qué maneras prácticas puedes demostrar esta semana el corazón de siervo de Jesús hacia tu esposo?

_____

_____

6. Haz una lista de las formas en que tu esposo te sirve. ¿Cómo puedes agradecerle por esos actos de servicio?

_____

_____

*Señor Jesús, tú viniste a esta tierra para ser un siervo. Yo quiero ser como tú. Sin embargo, servir puede ser difícil; a veces puede ser un trabajo solitario e ingrato. Ayúdame a servir a mi esposo y a mi familia como si te sirviera a ti. Amén.*

# EL PODER DE LA SUMISIÓN *(pp. 178-190)*
## DÍA CUATRO

### DESCUBRE

1. Lee Efesios 5:22-33. ¿Cómo deberían los matrimonios cristianos ser un cuadro de la relación redentora entre Cristo y su iglesia?

_____

_____

2. Según los versículos 22 y 33, ¿cuáles son dos maneras en que las esposas están llamadas a responder a sus esposos?

_____

_____

### REFLEXIONA

3. ¿De qué modo la sumisión a la autoridad establecida por Dios demuestra nuestra confianza en Dios?

_____

_____

4. ¿Qué sucede cuando una mujer se exaspera por el liderazgo (o la falta de liderazgo) de su esposo, y toma las riendas del asunto? ¿Qué efectos tiene esto en ella, en su esposo y en su relación?

_____

_____

### CITA DE *Nancy*

"Satanás hace un trabajo magistral para hacer ver una verdad hermosa, santa y poderosa como algo horrible, aterrador e indeseable". (p. 179)

### RESPONDE

5. *Para las mujeres casadas*: ¿Cuál es un área en la que necesitas orar y esperar en el Señor para que Él cambie el corazón de tu esposo, en lugar de lanzarte a tomar el asunto en tus manos?

_____

6. *Para las mujeres solteras*: Aun por fuera del matrimonio, las mujeres pueden afirmar el liderazgo masculino apropiado permitiéndoles a los hombres tomar iniciativas. ¿De qué forma puedes hacer esto en tu relación con un hombre como tu padre, tu jefe o tu pastor?

_____

_____

7. *Para las mujeres casadas*: ¿De qué forma tus respuestas y actitudes hacia tu esposo se ajustan a la medida de Efesios 5?

_____

_____

8. *Para las mujeres solteras*: ¿Cómo evalúas tu sumisión a cualquier autoridad humana que Dios ha puesto sobre ti?

_____

_____

> *Señor, confieso que a menudo resisto la sumisión. Ayúdame a demostrar mi sumisión a ti por la manera en que respondo al liderazgo de mi esposo. Te doy gracias porque aun si mi esposo (u otra autoridad) falla, puedo confiar en que tú me proteges cuando camino en sumisión a tu Palabra. Amén.*

# EL PACTO MATRIMONIAL *(pp. 190-196)*
### DÍA CINCO

## DESCUBRE

1. Lee y resume lo que dice la Biblia acerca del matrimonio en Génesis 2:18-24, Malaquías 2:13-16 y Marcos 10:2-12. ¿Por qué es el matrimonio una relación de vínculo para toda la vida? ¿Qué nos revela esto respecto a la motivación del enemigo para destruir el designio de Dios para el matrimonio?

_____

_____

_____

2. Revisa la lista de preguntas para una mujer que ha perdido la esperanza de restauración para su matrimonio, en las páginas 193-194 de *Mentiras que las mujeres creen*. Responde a cada pregunta de la lista que Dios te impulse a considerar respecto a tu propio matrimonio.

_____

_____

## REFLEXIONA

3. Lee el Salmo 89:33-34 e Isaías 54:10. ¿Qué nos dicen estos versículos acerca del carácter de Dios? ¿Qué consecuencias se desprenden de nuestra intención de reflejar su imagen en nuestro matrimonio?

_____

_____

> ### CITA DE *Nancy*
>
> *"En cuanto la pareja ha dicho 'acepto', la serpiente asoma su horrible cabeza... Él sabe que cada vez que logra destrozar un matrimonio cristiano, se empaña esta imagen original de la redención divina y el mundo recibe una imagen distorsionada del carácter de Dios".*
> (p. 191)

4. Revisa la lista de verdades acerca del matrimonio en las páginas 194-195 de *Mentiras que las mujeres creen*. En tus propias palabras, escribe las que se aplican a un desafío que enfrentas en tu matrimonio o que podrías referir a una amiga que tiene un matrimonio difícil.

_____

_____

_____

## RESPONDE

5. Dedica tiempo a orar respecto a estas verdades. Pide a Dios que te ayude a ser fiel a Él y a tu pareja, sin importar cuán difícil pueda parecerte. En tus propias palabras, expresa a continuación tu compromiso de reflejar en tu matrimonio el corazón de Dios que es fiel a su pacto.

_____

_____

*Nota: si te has divorciado, recuerda que la gracia de Dios puede darnos "belleza en lugar de cenizas". Él te ama y quiere lo mejor para ti. Si tu esposo quebrantó su pacto contigo, ¿qué pasos puedes dar para llegar a perdonarlo y encontrar sanidad y restauración en Cristo? Si en alguna medida tú has sido la responsable de romper tu voto matrimonial, ¿qué pasos puedes dar para reconciliarte con Dios y con tu esposo?*

*Gracias, Señor, por ser fiel aun cuando somos infieles a ti. Mi matrimonio necesita tu presencia y poder para que seamos capaces de reflejarte a ti y glorificarte. Te pido que me des la gracia para ser fiel a ti y fiel a mi esposo. En los momentos difíciles, ayúdame a caminar en humildad, amor y perdón, y a confiar en tu obra en nuestras vidas y en nuestro matrimonio. Amén.*

## CAMINEMOS JUNTAS EN LA VERDAD...

1. Después de leer y estudiar el capítulo 7, ¿qué verdad te pareció especialmente alentadora y útil? (ver páginas 197-199 en *Mentiras que las mujeres creen*). ¿Te pareció alguna verdad difícil de aceptar? ¿Por qué?

   _____

   _____

- ■ **MENTIRA #26: Necesito un esposo para ser feliz.**
- ■ **VERDAD:** Estar casada (o no estarlo) no garantiza la felicidad. Ninguna persona puede suplir nuestras necesidades más profundas. Nada ni nadie puede hacernos felices en realidad, aparte de Dios. Dios ha prometido suplir todas nuestras necesidades. Si Él se glorifica con que nos casemos, entonces proveerá un esposo. Los que esperan en el Señor siempre obtienen lo mejor de Él. Los que insisten en buscar sus propios intereses muchas veces terminan decepcionados.

2. ¿Por qué es peligroso que una mujer piense que necesita un esposo para ser feliz, y luego depender de él para hacerla feliz? ¿De qué manera las expectativas matrimoniales que no son realistas solo llevan a las mujeres a la desilusión?

   _____

   _____

3. ¿Cómo pueden las mujeres que viven en matrimonios difíciles experimentar gozo verdadero y glorificar a Dios?

   _____

   _____

- ■ **MENTIRA #27: Es mi obligación cambiar a mi esposo.**
- ■ **VERDAD:** Una vida piadosa y la oración son las más poderosas armas de una esposa para influir en la vida de su esposo.

4. ¿Qué problemas surgen cuando una esposa se enfoca constantemente en las faltas de su esposo o trata de asumir la responsabilidad de cambiarlo?

   _____

   _____

5. Lee Santiago 5:16 y 1 Pedro 3:1. ¿Cómo podemos usar con eficacia nuestras herramientas de una vida piadosa y la oración para convivir con nuestros esposos? ¿De qué manera esto les ayudará a ellos y a nosotras?

   _____

   _____

CITA DE *Nancy*

*"Si tú y yo nos enfocamos en exigir lo que 'merecemos', en nuestros 'derechos', o en lo que nuestro cónyuge 'debería' hacer por nosotras, seremos susceptibles al resentimiento y las heridas cuando nuestras expectativas no son satisfechas. La bendición y el gozo son el resultado de procurar ser una mujer que da y no una que solo espera recibir". (pp. 177-178)*

■ **MENTIRA #28: Mi esposo debe servirme.**

■ **VERDAD:** Si esperamos ser servidas, muchas veces nos sentiremos decepcionadas. Si buscamos servir a otros sin esperar algo a cambio, nunca nos sentiremos defraudadas. La esposa tiene el llamado singular de ser una "ayuda", una "compañera indispensable" para su esposo. El servicio a otros es lo que más nos hace semejantes a Jesús.

6. Lee la "Cita de Nancy" en esta página. Ilustra con un ejemplo la cita, ya sea con una experiencia personal o una observación de la vida de otra persona.

_____

_____

_____

_____

■ **MENTIRA #29: Si me someto a mi esposo seré infeliz.**

■ **VERDAD:** Por medio de la sumisión, una esposa tiene el privilegio de ilustrar la sumisión de la iglesia a Cristo. Por medio de la sumisión, una esposa se encomienda a Aquel que tiene el control absoluto sobre su esposo y de su situación, y que siempre busca lo mejor para ella. El espíritu sumiso y respetuoso de una esposa puede ser un arma poderosa para influir en un esposo que es desobediente a Dios.

7. ¿Qué beneficios recibimos cuando nos sometemos a Dios y a quienes Él ha puesto en autoridad sobre nosotras?

_____

_____

CITA DE *Nancy*

*"He descubierto que el problema fundamental concerniente a la sumisión en realidad se reduce a nuestra disposición a confiar en Dios y a ponernos bajo su autoridad". (p. 183)*

8. ¿Cuáles son algunas consecuencias posibles de resistir la autoridad establecida por Dios?

_____

_____

9. Comenta una bendición (o consecuencia) que has experimentado como resultado de someterte (o no someterte) a la autoridad.

_____

_____

10. ¿De qué maneras pueden las mujeres inutilizar a sus esposos o a otros hombres en autoridad al asumir el papel que le corresponde a ellos? ¿Qué efectos puede producir esto en una relación?

_____

_____

■ **MENTIRA #30: Si mi esposo es pasivo debo tomar la iniciativa o nada se hará.**
■ **VERDAD:** Si la mujer toma las riendas en vez de esperar que Dios impulse a su esposo, él perderá la motivación para cumplir las responsabilidades que Dios le ha encomendado.

11. Cuando una mujer decide esperar en el Señor en lugar de tomar las riendas, ¿qué bendiciones podría esto traer a su vida? ¿A la vida de su esposo? ¿A su matrimonio?

_____

_____

■ **MENTIRA #31: No hay esperanza para mi matrimonio.**
■ **VERDAD:** El matrimonio es un pacto para toda la vida cuyo propósito es reflejar el corazón de Dios, que es siempre fiel a sus pactos. Ningún matrimonio es un caso perdido. No hay nadie a quien Dios no pueda cambiar. Dios se sirve de las asperezas de cada cónyuge en un matrimonio para moldearlo a la semejanza de Cristo. La gracia de Dios es suficiente para que una mujer pueda ser fiel a su pareja y para perseverar en amarle y perdonarle como Cristo.

> CITA DE *Nancy*
>
> *"Cristo vino para traer esperanza, para darnos una corona de belleza en lugar de cenizas (Is. 61:3, NTV), y a reconciliar todas las cosas consigo mismo. Su verdad tiene el poder para redimir, restaurar y renovar tu corazón, sin importar qué decisiones tome tu cónyuge".*
> *(p. 196)*

12. Dediquen tiempo a orar juntas por los matrimonios representados en tu grupo. (Si tu grupo es demasiado grande o tienen poco tiempo disponible, tal vez deseen orar en grupos pequeños o intercambiar nombres para orar por las otras durante la semana siguiente).

- Oren para que cada matrimonio glorifique a Dios y se convierta en un cuadro de su amor redentor.

- Oren para que cada cónyuge representado acepte y cumpla el papel que Dios le ha asignado en el matrimonio.

- Oren por protección espiritual de toda forma de engaño y de las artimañas de Satanás.

- Oren por los matrimonios que afrontan dificultades. Pidan a Dios humildad y gracia para resolver los problemas que están minando o amenazando la unidad de la relación.

CAPÍTULO OCHO

# LA CRIANZA DE LOS *hijos*

## SÍNTESIS...

Dios creó a las mujeres con la capacidad única de dar a luz hijos y de criarlos. El capítulo 8 aborda varias mentiras sutiles y verdades a medias acerca de los hijos y de la crianza, las cuales son ampliamente aceptadas en nuestra cultura actual. Es fácil para las mujeres cristianas adoptar la manera de pensar del mundo sin detenernos a considerar si esas creencias se conforman a la Palabra de Dios. He tratado de presentar en este capítulo mi comprensión de lo que enseñan las Escrituras. Sin embargo, mi interés primordial no es que estés de acuerdo conmigo en cada punto, sino que hagas el esfuerzo de estudiar la Palabra por ti misma y te asegures de que tus creencias y tus prácticas estén arraigadas en la verdad.

La primera área de engaño tiene que ver con las alternativas reproductivas. En muchos sentidos, el mensaje del mundo es que los hijos son una carga, y que toda mujer tiene derecho a decidir si tiene hijos o no, y cuándo los tiene. Por otro lado, la Palabra de Dios enseña que los hijos son una bendición, un regalo de Dios y parte vital de su plan para comunicar la verdad a la siguiente generación. Así como confiamos en Dios en otras áreas de nuestra vida, podemos confiar en Él con respecto al tiempo de llegada de los hijos y al tamaño de nuestra familia.

La segunda mentira atenta contra nuestra confianza en que Dios puede proveer para nuestras necesidades, indistintamente del tamaño de nuestra familia. El mensaje que escuchan las jóvenes, fuerte y claro, es que criar hijos es demasiado costoso, y que una familia numerosa es un lujo que pocos pueden darse. Sin embargo, la verdad que encontramos en las Escrituras es que si Dios considera conveniente bendecir a una familia con hijos, también la bendecirá con todo lo que necesita para criar a esos hijos para su gloria.

La tercera mentira consiste de hecho en dos mentiras opuestas, y las dos esclavizan a los padres. Por un lado, Satanás engaña a los padres con la idea de que no tienen influencia alguna sobre cómo terminan siendo sus hijos, que es inevitable que muchos hijos se rebelen y que se les debe permitir buscar su propio camino. En el otro extremo, lleva a los padres a creer que son completamente responsables de cómo terminan siendo sus hijos, de modo que es culpa de los padres si los hijos se extravían. Necesitamos padres que amen la verdad y que guíen a sus hijos a amar a Cristo, orando para que el Espíritu de Dios conquiste esos corazones y que ellos reflejen su gloria a la siguiente generación.

La cuarta mentira identifica el peligro de ser padres sobreprotectores religiosos. La Biblia enseña que es parte de nuestra naturaleza caída y humana tener ídolos en nuestro corazón. Esto puede incluir cosas buenas como los hijos y el rol de padres y madres. La Biblia habla claramente acerca del llamado elevado y santo de la maternidad, pero también deja claro que el amor de una madre por sus hijos jamás debe estar por encima de su amor por Jesús. La prioridad suprema de una madre es amar y seguir a Cristo, y eso significa que sus hijos no son lo primero.

La última mentira en este capítulo es un llamado a una tregua de las "guerras entre madres" y nos advierte contra la comparación pecaminosa. En lugar de comparar su desempeño con los estándares creados por los medios, las mamás blogueras, los expertos en crianza y los amigos, la Biblia insta a las madres a sustentar sus esfuerzos maternales con humildad y honestidad delante del Señor, para que Él sea quien juzgue. La Palabra de Dios también nos exhorta a huir de la envidia y del orgullo, y a extender gracia y entendimiento a otras madres.

## EXPLOREMOS LA VERDAD...

# LA BENDICIÓN DE LOS HIJOS *(pp. 201-210)*
## DÍA UNO

*Nota: Siente la libertad de saltarte cualquier pregunta en este capítulo que no tenga aplicación a tu etapa actual de la vida.*

### DESCUBRE

1.  Lee los siguientes versículos: Salmos 113:9, 127:3-5 y Mateo 19:13-15. ¿Qué nos dicen acerca de la visión de Dios acerca de los hijos?

    _____

    _____

2.  ¿En qué difieren la visión del mundo y la de Dios acerca de los hijos?

    _____

    _____

**CITA DE *Nancy***

*"El proceso mediante el cual la mayoría de las parejas, incluso de creyentes, determinan el tamaño de su familia, se guía por el presupuesto de que sencillamente carecen de los recursos financieros, emocionales, físicos o el tiempo para tener otro hijo (si acaso alguno)". (p. 211)*

## REFLEXIONA

3. ¿Por qué crees que el tema de tener hijos despierta reacciones y sentimientos tan intensos en tantas mujeres?

_____

_____

_____

4. ¿Cuáles son algunos factores que suelen influenciar las decisiones de las personas acerca del tamaño de sus familias y el momento de tener hijos? Encierra en un círculo cualquier factor que haya influido en tus decisiones en esta área.

_____

_____

_____

5. La Palabra de Dios habla mucho acerca de los hijos y de la crianza. Por ejemplo:

- Los hijos son una bendición y un regalo de Dios (Sal. 127:3-5).

- Los hijos son un medio primordial para la transmisión de la fe de una generación a otra (Sal. 78:1-7).

- Dios es el único que abre y cierra el vientre; tener hijos es uno de los propósitos principales del matrimonio (Mal. 2:15).

- La disposición a tener hijos es una evidencia vital de la fe de una mujer (1 Ti. 2:15; 5:14).

También sabemos que Dios es soberano y que podemos confiar en Él (Jer. 29:11). ¿Qué implicaciones tendrían estas verdades para una pareja que toma decisiones respecto a tener hijos?

_____

_____

## RESPONDE

6. Marca con una X cada palabra o frase que mejor describa tu perspectiva general y tu actitud hacia tener hijos.

☐ miedo

☐ razonamiento natural, humano

☐ motivos egoístas

☐ emociones y deseos personales

☐ fe

☐ pensamiento bíblico

☐ compromiso con el reino de Dios

☐ un deseo sincero de honrar a Dios

7. ¡A veces es fácil olvidar que los hijos son realmente una bendición del Señor! Si tienes hijos, escribe sus nombres y edades a continuación. Junto a cada nombre escribe una frase o dos que explique cómo ese hijo ha sido una bendición para ti. Si no tienes hijos, escribe los nombres de los niños que conoces y las diferentes maneras en que han sido una bendición para ti.

_____

_____

_____

_____

8. ¿De qué maneras crees que podrías abrazar plenamente los buenos propósitos y planes de Dios en relación con los niños y con tener hijos en esta etapa de tu vida?

_____

_____

_____

_____

*Señor, gracias por el regalo de los hijos. Ayúdame a recibirlos como tú lo haces. Muéstrame cómo*
*debo cumplir mi llamado como mujer de ser portadora y sustentadora de vida, ya sea teniendo*
*mis propios hijos o cuidando maternalmente a los hijos espirituales que me confíes. Amén.*

# LOS HIJOS, UN DON QUE SE RECIBE *(pp. 210-215)*
## DÍA DOS

### DESCUBRE

1. Lee Génesis 22:1-14. ¿Qué pidió el Señor a Abraham que hiciera a su hijo Isaac? ¿Por qué obedeció Abraham?

_____

_____

2. Revisa el versículo 14. ¿Cómo llamó Abraham al sitio donde encontró un carnero enredado en un matorral?

_____

_____

El término hebreo usado en este pasaje es *Jehová Jireh*, que significa: "El Señor proveerá". Ese día en el monte, Abraham aprendió una importante lección que puede aplicarse a todos los padres: Dios es el proveedor supremo para los padres y los hijos.

3. Busca los siguientes versículos. Debajo de cada cita bíblica escribe lo que aprendes acerca del papel de Dios como tu proveedor.

Salmo 145:16

_____

Salmo 146:7-9

_____

Mateo 6:26

_____

Filipenses 4:19

_____

---

### CITA DE *Nancy*

*"El Señor Jesús nos dio ejemplo de un sistema de valores completamente diferente cuando recibió a los niños, les dedicó tiempo, e instó a sus seguidores a hacer lo mismo". (p. 213)*

### REFLEXIONA

4. ¿Cuáles son algunos mensajes que difunde nuestra cultura acerca de los hijos? Haz una lista en el espacio a continuación.

_____

_____

5. Lee Mateo 19:13-15. ¿Cómo describirías la actitud de Jesús hacia los hijos? ¿En qué difiere de los mensajes culturales que has visto y oído acerca de los hijos y la crianza?

_____

_____

6. Cuando el ángel le dijo a María que concebiría y daría a luz un hijo, ella respondió: "He aquí la sierva del Señor; hágase conmigo conforme a tu palabra" (Lc. 1:38). Considera en oración si esa es la actitud de tu corazón en las siguientes áreas concernientes a tu etapa presente de la vida:

- El momento para empezar una familia
- El momento para decidir no tener más hijos
- El número de hijos que estás dispuesta a concebir/criar
- Invertir en la vida de los hijos y la familia
- Pasar el testimonio de la fe a la siguiente generación

## RESPONDE

7. Podemos descansar en la verdad de que Dios cuidará de nosotras y de los hijos que Él nos confía. En el espacio a continuación, escribe una oración para expresarle a Dios que confías en que Él suple tus necesidades. Si hay áreas en las que te resulta difícil creer que Él puede proveer, confiesa tu duda. Pídele a Dios que te ayude a descansar en su cuidado de ti y de tu familia.

_____

_____

*Señor, yo sé que tú puedes proveer para las necesidades de mi familia.*
*Ayúdame a confiar en ti y a rendir mi voluntad a la tuya. Amén.*

# LA TRASCENDENCIA DE LOS PADRES PIADOSOS
*(pp. 215-223)*
### DÍA TRES

## DESCUBRE

1. Los hijos son un tesoro valioso. Deben ser cuidadosamente protegidos, atendidos y criados. Del mismo modo que protegemos una planta joven y delicada de las tormentas invernales, y la regamos con agua, ¿cuáles son algunas de las cosas que podemos hacer para cuidar las preciosas "plantas jóvenes" (los hijos) en tu vida?

- Cómo protegerlos:

_____

_____

- Cómo darles lo necesario:

_____

_____

2. Lee el Salmo 101. En tus propias palabras, resume lo que sugiere este salmo acerca del ambiente que los padres deben esforzarse por crear y mantener en su hogar.

_____

_____

3. Lee el Salmo 92:13-15. ¿Qué aliento ofrecen estos versículos a los padres que procuran criar a los hijos en un ambiente donde Cristo es el centro?

_____

_____

## REFLEXIONA

4. Aunque Dios no desea que conozcamos el mal experimentándolo, sí desea que entendamos que el mal existe, y que aprendamos a discernir entre el bien y el mal. ¿Cómo pueden los padres ayudar a sus hijos a desarrollar esta clase de discernimiento sin exponerlos a influencias de las cuales deberían ser protegidos?

_____

_____

5. Lee Mateo 5:13-16. ¿De qué formas prácticas puedes dar a tus hijos una visión para influir positivamente en nuestro mundo?

_____

_____

## RESPONDE

6. ¿Qué carácter y qué cualidades espirituales quieres que tengan tus hijos cuando salgan del hogar? ¿Cómo puedes ser más deliberada en cultivar esas cualidades en sus vidas?

_____

_____

CITA DE *Nancy*

*"Las oraciones perseverantes de una madre o una abuela piadosas (o de una tía o amiga) pueden lograr un cambio profundo en la vida de un hijo". (pp. 222-223)*

7. Los hijos biológicos a menudo se parecen físicamente a sus padres. Si tus hijos se parecieran a ti en corazón y en carácter, ¿cómo serían? ¿Qué cambios tienes que permitir que haga el Señor en tu vida para que puedas decir a tus hijos: "Sed imitadores de mí así como yo de Cristo" (1 Co. 11:1)? (Si te atreves, ¡pide a tus hijos mayores que respondan estas preguntas acerca de su madre!).

_____

_____

*Señor, es tremendo saber lo mucho que imitan los hijos nuestra vida, nuestros valores y nuestro caminar contigo. Te pido que me hagas una mujer que sea un reflejo tuyo para la siguiente generación. Que mi vida inspire en ellos un deseo de conocerte y seguirte. Te pido que obres en sus vidas para que se acerquen a ti y reflejen tu luz a otros. Amén.*

# LA PATERNIDAD CENTRADA EN DIOS *(pp. 223-226)*
## DÍA CUATRO

### DESCUBRE

1.  En este capítulo aprendimos que un ídolo es "cualquier cosa que queremos más que a Dios, cualquier cosa de la que dependemos más que de Dios, cualquier cosa en la que buscamos más satisfacción que en Dios".[1] Con esta definición en mente, resume las advertencias que encontramos en los siguientes pasajes bíblicos.

    Éxodo 20:3-6

    _____

    1 Corintios 10:14

    _____

    1 Juan 5:21

    _____

2.  Reflexiona en las actividades a las que más consagras tu tiempo, energía, dinero, atención y afecto. Señala con un signo de más (+) aquellas que necesitan ser más prioritarias. Marca con un signo de menos (-) aquellas que no deben ser tan importantes.

    ____ Mi matrimonio

    ____ Mi trabajo

    ____ Mis hijos

    ____ Mi trabajo voluntario

    ____ Mi casa

    ____ Salud/ejercicio físico

    ____ Las redes sociales

    ____ El entretenimiento/la recreación

    ____ Las amistades

    ____ Mi relación con Cristo

> CITA DE *Mary*[2]
>
> *"El amor por tus hijos nunca debe estar por encima de tu amor por Jesús". (pp. 224-225)*

¿Qué ajustes tienes que hacer en tu agenda, tus gastos, o tu corazón a fin de que la máxima prioridad en tu vida sea conocer y amar a Jesús?

_____

_____

1. Nancy Pearcey, *Finding Truth: Five Principles for Unmasking Atheism, Secularism, and Other God Substitutes* (Colorado Springs, CO: David C. Cook, 2015), 36.
2. Las dos últimas mentiras del capítulo 8 en *Mentiras que las mujeres creen* fueron escritas por mi amiga Mary Kassian.

## REFLEXIONA

3. ¿Por qué crees que algunas mujeres tienden a idolatrar a sus familias?

_____

_____

4. ¿Qué otras mentiras alimentan la mentira de que "mis hijos son mi prioridad número uno"? Toma como referencia la lista de mentiras que aparece en el índice de *Mentiras que las mujeres creen*.

_____

_____

## RESPONDE

5. Mira las páginas 225-226 de *Mentiras que las mujeres creen* y considera la lista de maneras en que se puede comunicar el mensaje de que el Señor es el centro de la vida de una familia. ¿Cómo podrías transmitir este mensaje a tu familia? Encierra en un círculo cualquier idea que planees implementar esta semana.

_____

_____

6. Confiesa cualquier área de idolatría que el Señor haya sacado a la luz en tu vida. Pídele al Señor que te ayude a dar prioridad a tu amor por Él por encima de todo lo demás.

_____

_____

*Jesús, tú eres digno de mi tiempo y de todo mi afecto. Quiero que tú seas el primero en mi vida. Gracias por los muchos dones que me has dado, incluyendo mi familia. Ayúdame a amar a otros con un amor que fluye de mi primer amor que eres tú. Amén.*

# NO MÁS GUERRAS *(pp. 226-232)*

### DÍA CINCO

## DESCUBRE

1. ¿Dónde has notado que hay "guerras entre madres"? ¿Cómo has experimentado este conflicto en tu propia vida?

_____

_____

2. Señala en qué áreas de la siguiente lista tiendes a buscar aprobación con mayor frecuencia. Las respuestas pueden incluir tu esposo, padres, hijos, amigos, seguidores en las redes sociales, otras mujeres, o el Señor.

La decoración y la organización de mi hogar _____

Mis estrategias disciplinarias _____

Nuestra agenda familiar _____

El tamaño de nuestra familia _____

El tipo de educación para mis hijos o para mí _____

Los acuerdos de trabajo y cuidado de los hijos _____

Ahora, lee Gálatas 1:10. ¿Cuál es la aprobación que debemos buscar por encima de cualquier otra?

_____

_____

_____

> CITA DE *Mary*
>
> *"Sé una dadora de gracia. Deja de discutir acerca de opiniones sobre la crianza, y deja de criticar y menospreciar a quienes tienen opiniones diferentes".* (p. 232)

3. Lee Romanos 12:3. Después de dar prioridad a la voluntad de Dios, ¿a quién debemos considerar después para tomar decisiones? ¿Qué consecuencias prácticas trae para tu forma de tomar de decisiones para tu familia?

_____

_____

## REFLEXIONA

4. Recuerda una ocasión en la que te sentiste juzgada por otra madre. ¿Qué pasó y cómo te sentiste? Ahora recuerda una ocasión en la que tú juzgaste a otra madre. A la luz de las verdades que se encuentran en este capítulo, ¿cómo desearías haber respondido diferente en esas situaciones?

_____

_____

5. Lee Proverbios 29:25. ¿Cómo describe este versículo el temor del hombre? ¿Recuerdas una situación en la que caíste en la trampa del temor al qué dirán?

_____

_____

6. El temor del hombre no es un interruptor que simplemente podemos apagar. Más bien debemos reemplazarlo con un temor del Señor que sea santo y saludable. Busca los siguientes versículos. Junto a cada cita, escribe lo que te enseña acerca del temor del Señor.

Deuteronomio 10:12

_____

Salmo 33:8

_____

Proverbios 1:7

_____

Proverbios 14:26

_____

Eclesiastés 12:13

_____

## RESPONDE

7. Piensa en una madre a la que conozcas y necesite ánimo. Da un paso más y piensa en una mujer cuyo estilo de maternidad a veces has cuestionado. Escríbele una nota para expresarle cómo su papel de madre es difícil e importante, y que tú aprecias la inversión que ella hace en la vida de sus hijos.

_____

_____

8. Haz una lista de algunas madres que conoces y están en una etapa difícil de su vida. Haz el compromiso de orar por ellas según el Señor te guía a lo largo de la próxima semana.

_____

_____

*Padre, gracias porque diseñaste la maternidad como una manera de preservar la vida y pasar el testimonio de fe a la siguiente generación. Ayúdame a valorar a los hijos como tú los valoras, como una bendición. Confío en que tú proveerás todo lo necesario para mi familia. Ayúdame a representar bien el llamado a la maternidad. Amén.*

## CAMINEMOS JUNTAS EN LA VERDAD...

1. Después de leer y estudiar el capítulo 8, ¿qué verdad te pareció especialmente alentadora y útil? (ver páginas 233-235 en *Mentiras que las mujeres creen*). ¿Te pareció alguna verdad difícil de aceptar? ¿Por qué?

   _____

   _____

- **MENTIRA #32: Tengo derecho a controlar mis alternativas reproductivas.**
- **VERDAD:** Dios es el Creador y el Dador de la vida. Dios es quien tiene la última palabra sobre el cuerpo de una mujer y su fertilidad. Él es quien abre y cierra el vientre. La vida empieza en el momento de la concepción. Los métodos abortivos de anticoncepción quitan la vida.

2. Lee el Salmo 127:3-5. ¿Por qué se llama a los hijos una "recompensa"? ¿En qué maneras has constatado esto?

   _____

   _____

   _____

3. ¿De qué maneras el mundo desanima a veces a las mujeres para que no tengan hijos? ¿Cómo pueden las parejas cristianas demostrar el valor que Dios otorga a los hijos?

   _____

   _____

   _____

> ### CITA DE *Nancy*
>
> "Si Él considera conveniente bendecirte con hijos, Él te bendecirá también con todo lo que necesitas para recibirlos y criarlos para su gloria". (p. 215)

- **MENTIRA #33: No podemos mantener (más) hijos.**
- **VERDAD:** Los hijos son una bendición de Dios y el cumplimiento del mandamiento de Dios de multiplicarse y de llenar la tierra. Uno de los propósitos del matrimonio es producir una "descendencia para Dios. El Señor proveerá todo lo que una mujer necesita para criar y suplir las necesidades de los hijos que Él le da.

4. ¿Con qué pasaje bíblico animarías a una mujer que quiere tener más hijos pero su esposo piensa que ya tienen suficientes?

   _____

   _____

   _____

- **MENTIRA #34: No puedo (o sí puedo) controlar cómo terminan siendo mis hijos.**
- **VERDAD:** Dios promete una bendición a los padres que guardan su pacto y enseñan a sus hijos a hacer lo mismo. Los padres no pueden obligar a sus hijos a caminar con Dios, pero pueden ser ejemplo de piedad y cultivar un ambiente en el hogar que despierte el hambre de Dios y propicie la formación y el crecimiento espiritual de sus hijos. Los padres que dan por sentado que sus hijos conocen al Señor, sin importar cuál sea su estilo de vida, pueden dar a sus hijos una idea falsa de seguridad, y descuidar la oración que sus hijos necesitan.

> CITA DE *Nancy*
>
> *"La primera [mentira] es que los padres no tienen influencia alguna sobre cómo terminan siendo los hijos... La segunda mentira es que los padres son totalmente responsables de cómo terminan siendo sus hijos, que es su culpa el hecho de que ellos se desvíen". (p. 216)*

5. ¿Qué clase de influencias en nuestra cultura crees que son particularmente dañinas para los niños pequeños? ¿Cómo pueden los padres cristianos proteger a sus hijos de la exposición innecesaria a esas influencias?

_____

_____

6. ¿De qué maneras pueden los padres cristianos ayudar a cultivar en sus hijos un apetito por la Palabra de Dios, su verdad, y sus caminos?

_____

_____

7. ¿Cuáles son algunas maneras en que los padres pueden mantener las líneas de comunicación abiertas durante los cambios y los desafíos de los años de adolescencia?

_____

_____

8. ¿Por qué la oración es un recurso tan poderoso para las madres (y para todos aquellos que velan por los corazones de los hijos y los pródigos)?

_____

_____

- **MENTIRA #35: Mis hijos son mi prioridad número uno.**
- **VERDAD:** Amar y servir a Dios es nuestra máxima prioridad. Es posible pecar por amar a nuestros hijos más que al Señor. Los hijos aprenden a dar a Dios el primer lugar mediante el ejemplo de sus padres que ponen a Dios primero. Los hijos necesitan aprender a negarse a sí mismos, no a ser egoístas.

- **MENTIRA #36: Yo no soy (o ella no es) una buena madre.**
- **VERDAD:** El pecado de la comparación conduce al orgullo y la envidia. En última instancia, cada madre es responsable delante del Señor por sus decisiones en la crianza de los hijos. Aceptar a otros creyentes cuyas opiniones sobre la crianza de los hijos es diferente de la nuestra es algo que glorifica a Dios.

9. Lee Deuteronomio 6:4-9 y Proverbios 4:11. ¿Qué dicen las Escrituras acerca de la importancia de que los padres provean un buen ejemplo y una instrucción sólida para sus hijos?

_____

_____

10. ¿Cuáles son algunas maneras en que los creyentes (sea que tengan o no hijos propios) pueden expresar el corazón de Dios respecto a los hijos y cultivar en la siguiente generación un amor por Cristo y por su reino?

_____

_____

11. Dediquen tiempo a orar (por nombre, si es posible) por los hijos representados en el grupo.

- Pidan al Señor sabiduría y gracia para que cada madre sepa cómo influir y moldear la vida de sus hijos.

- Oren para que el Espíritu Santo en su gracia intervenga en la vida de los hijos y traiga salvación verdadera. Oren para que cada hijo sea protegido de toda influencia prejudicial y desarrolle amor por la justicia y odio por el mal.

- Oren para que los propósitos eternos de Dios se cumplan en la vida de cada hijo, y que el testimonio de fe pase intacto a la siguiente generación.

> CITA DE *Nancy*
>
> *"Aun los mejores padres dependen por completo de la obra del Espíritu Santo en los corazones de sus hijos. Por eso, el recurso más poderoso de una madre es la oración". (p. 222)*

# CAPÍTULO NUEVE

# EL MANEJO DE LAS *emociones*

## SÍNTESIS...

En el capítulo 9 llegamos a uno de los aspectos más complejos y difíciles de entender de nuestra experiencia femenina: nuestras emociones. Dios creó las emociones. Él experimenta emociones y las entiende. Sin embargo, sus emociones son siempre perfectas, mientras que las nuestras han sido contaminadas por el pecado. Nuestras emociones pueden enviarnos toda clase de mensajes ambivalentes, a menudo engañándonos y desviándonos de la verdad. Además, las mentiras que nos dice Satanás acerca de nuestras emociones nos confunden. La mejor arma contra esto es detectar las mentiras y aprender a contrarrestarlas con la verdad.

La primera mentira nos dice que, si sentimos algo, necesariamente es verdad. Si no nos sentimos amadas, es porque no lo somos. Si sentimos que Dios nos ha abandonado, entonces lo ha hecho. La verdad que contrarresta esta mentira es que no podemos confiar en que nuestros sentimientos nos den una estimación exacta de la realidad. Sin importar cómo o qué sintamos, tenemos que aprender a depender de lo que sabemos que es verdad.

La segunda mentira nos convence de que no podemos controlar nuestros sentimientos, y por ende les permitimos que gobiernen nuestra vida. A veces usamos esta creencia para justificar acciones o reacciones equivocadas de nuestra parte, para racionalizarlas y decir: "no puedo evitar sentirme así". Si bien es cierto que no podemos necesariamente controlar cómo nos sentimos respecto a algo, sí podemos controlar cuánto poder le permitimos tener a nuestros sentimientos. Siempre podemos elegir obedecer a Dios, sin importar cómo o qué sintamos.

La tercera mentira a veces nos sirve para disculpar fácilmente nuestras reacciones y respuestas poco santas. Usamos nuestros cambios hormonales para excusar palabras o acciones pecaminosas: "no puedo evitarlo... son mis hormonas" o "ese tiempo del mes", o "estos horribles sofocos". La verdad es que el comportamiento pecaminoso nunca tiene justificación, sin importar qué ocurra en nuestro cuerpo. Como nuestro Creador, Dios entiende los cambios hormonales asociados con los ciclos cambiantes y las diferentes etapas de nuestra vida. Su gracia está disponible y es suficiente para ayudarnos a obedecer y glorificarlo a lo largo de todas nuestras etapas de la vida.

La cuarta mentira tiene que ver con cómo las mujeres manejan el problema de la depresión. Este es un problema real, doloroso y complejo para muchas mujeres. Sin embargo, más peligrosa que la depresión son las mentiras y las verdades a medias que el enemigo difunde acerca de ella. Sin importar cómo nos sintamos o qué enfrentemos, nuestra primera respuesta debe ser buscar al Señor, quien provee la gracia a quienes claman a Él en su angustia. Su verdad es la primera línea de defensa para todo lo que nos aflige, y eso incluye la depresión. Dios no ha prometido proveer un alivio definitivo para todos nuestros problemas aquí y ahora. Sin embargo, ha prometido estar con nosotras y darnos la gracia para soportar. Él también nos ha dado a otros creyentes para que nos acompañen y asistan en nuestra necesidad. Nuestra meta, aun en medio del valle más oscuro y profundo, debe ser glorificar a Dios y permitirle santificarnos a través de nuestro sufrimiento.

## EXPLOREMOS LA VERDAD...

## DISCIERNE TUS EMOCIONES *(pp. 237-241)*
### DÍA UNO

### DESCUBRE

1. Lee Deuteronomio 4:24, Salmos 30:5 y 36:5, y Mateo 26:38. De acuerdo con estos versículos, ¿cuáles son algunas emociones que Dios experimenta? ¿Por qué es importante entender que Dios tiene sentimientos y los expresa?

_____

_____

2. Si fuimos creadas a imagen de Dios (Gn. 1:27), ¿qué revela esto acerca de nuestras emociones?

_____

_____

### REFLEXIONA

3. Lee el Salmo 16:5-11. ¿Qué palabras o frases en este pasaje hablan de expresiones emocionales positivas? ¿Qué despierta el fluir de esas emociones del corazón del salmista?

_____

_____

_____

## CITA DE *Nancy*

*"La verdad es que, por causa de nuestra condición después de la caída, nuestros sentimientos a menudo no coinciden con la realidad. En muchos casos no constituyen una apreciación confiable de lo que es verdad... Si queremos caminar en libertad, tenemos que admitir que no siempre podemos confiar en nuestras emociones, y que debemos estar dispuestas a rechazar cualquier sentimiento que no se conforme con la verdad". (p. 239)*

4. ¿De qué manera nuestras emociones están contaminadas por la caída? Da algunos ejemplos de cómo has experimentado en tu propia vida esa contaminación en las emociones.

_____

_____

_____

5. ¿Cuáles son algunos factores que pueden hacer fluctuar nuestros sentimientos?

_____

_____

_____

6. ¿Por qué es peligroso que vivamos y actuemos completamente de acuerdo con nuestras emociones?

_____

_____

_____

7. Lee el Salmo 56:3-4. ¿Qué papel juega la fe en el manejo de nuestras emociones?

_____

_____

_____

## RESPONDE

8. ¿Qué sentimiento has experimentado recientemente que no se conforma a la verdad y que tiene que ser sometido a ella?

_____

_____

*Señor, entiendo que mis emociones son parte de tu diseño al crearme, y que a pesar de eso muchas veces no debo confiar en ellas porque cambian según las diversas circunstancias o mi debilidad humana. Ayúdame a rechazar cualquier sentimiento que no se basa en la verdad, y a confiar en tu Palabra en lugar de mis sentimientos. Amén.*

# CONTROLA TUS EMOCIONES *(pp. 241-244)*
## DÍA DOS

### DESCUBRE

1. Describe una ocasión en la que te dejaste llevar por tus emociones y sentiste que estaban fuera de control.

_____

_____

2. Por regla general, ¿en qué medida afectan tus emociones tus acciones?

_____

_____

### REFLEXIONA

3. Efesios 4:26 dice: "Airaos, pero no pequéis". Si bien la Biblia reconoce la realidad de la ira, Dios espera que controlemos la manera en que reaccionamos cuando estamos enojadas. La ira como emoción no es pecado, pero puede provocar una respuesta pecaminosa. ¿Qué emociones te cuesta más controlar? ¿En qué formas pecaminosas sueles expresar esas emociones?

_____

_____

4. Lee Isaías 26:3, Filipenses 4:8-9 y Colosenses 3:1-2. ¿Cómo podemos liberarnos del yugo de los sentimientos que no tienen fundamento en la verdad? ¿Por qué es tan importante controlar lo que pensamos?

_____

_____

5. ¿Qué pasos constructivos nos animan las Escrituras a tomar para manejar las emociones que están fuera de control?

_____

_____

### RESPONDE

6. ¿Qué puedes hacer hoy para fijar tu mente, tus pensamientos y tu corazón en Dios y en su verdad?

_____

_____

*Padre, a veces mis emociones se desbordan. Gracias porque no estoy condenada a dejarme controlar por ellas. Te pido que tú seas Señor de cada parte de mi vida, incluso de mis emociones. Ayúdame a fijar mis pensamientos y afectos en ti a lo largo del día. Amén.*

# EXPRESA TUS EMOCIONES *(pp. 241-244)*
## DÍA TRES

## DESCUBRE

1. Los Salmos expresan con frecuencia la efusión profunda y personal de los salmistas. ¿Qué emociones expresan en los siguientes versículos?

   Salmo 6:1-3

   _____

   _____

   Salmo 9:1-2

   _____

   _____

   Salmo 10:1

   _____

   _____

   Salmo 51:1-2

   _____

   _____

   Salmo 90:7-10

   _____

   _____

   Salmo 118:24

   _____

   _____

## REFLEXIONA

2. En cada uno de los anteriores pasajes, el salmista derrama su corazón delante del Señor. ¿Por qué es esto importante?

   _____

   _____

3. Lee todo el Salmo 6. ¿Cómo incluye David a Dios en su lucha emocional? ¿De qué manera puede ayudarnos a manejar emociones descontroladas el hecho de expresar a Dios lo que sentimos?

   _____

   _____

4. ¿Qué verdades acerca de Dios le ayudaron a David a encontrar estabilidad emocional en el Salmo 6?

_____

_____

_____

CITA DE *Nancy*

*"Las Escrituras abundan en promesas divinas y mandamientos que nos dan herramientas para regular nuestras emociones en medio de cualquier tormenta".*
*(p. 243)*

5. Lee 2 Pedro 1:4. ¿Cómo pueden las promesas de Dios guardarnos de expresar nuestras emociones naturales de manera pecaminosa?

_____

_____

_____

6. Escribe una promesa de la Palabra de Dios a la que puedes echar mano y en la que puedes confiar cuando te sientes abrumada por emociones negativas.

_____

_____

## RESPONDE

7. Repasa la lista de promesas y mandatos de la Palabra de Dios que se encuentra en las páginas 243-244 de *Mentiras que las mujeres creen*. ¿A qué promesa o mandato puedes aferrarte para obedecer hoy? ¿Cuál puede ayudarte a estabilizar emociones que estás experimentando y que no se basan en la verdad?

_____

_____

> *Gracias, Padre, porque puedo derramar mi corazón delante de ti cuando estoy*
> *angustiada. Gracias por las muchas promesas y mandatos en tu Palabra que pueden*
> *guardarme de pecar. Ayúdame a reclamar esas promesas y a buscar en ti la gracia para*
> *obedecer tus mandamientos, sin importar cuáles sean mis sentimientos. Amén.*

# ENFRENTA LAS DIFERENTES ETAPAS DE LA VIDA
*(pp. 244-249)*
## DÍA CUATRO

## DESCUBRE

1. Describe lo que sucede durante "ese período del mes" (si te encuentras en esa etapa de la vida). ¿Qué cambios físicos y emocionales sueles experimentar durante ese tiempo? (Si estás embarazada o en la menopausia, describe tu experiencia)

2. ¿Cuál es tu reacción típica frente a los cambios que acabas de describir? Por lo general, ¿afectan tus acciones y reacciones de manera positiva o negativa? Explica tu respuesta.

> ## CITA DE *Nancy*
>
> *"¿Tendrá sentido entonces que un Creador sabio y amoroso desconozca nuestros niveles hormonales en las diferentes etapas de madurez, o nos desampare en alguna de ellas? Aunque Él no nos promete una vida sin dolor, sí ha prometido suplir todas nuestras necesidades y darnos la gracia para enfrentar los retos y las dificultades de cada etapa de la vida". (p. 248)*

3. ¿De qué manera tiendes a justificar tu comportamiento, ya sea mental o verbalmente, cuando no te sientes bien físicamente?

## REFLEXIONA

4. Lee el Salmo 139:1-18 y Lucas 12:7. ¿Qué tan bien te conoce Dios: tu cuerpo, tu mente y tus circunstancias? ¿De qué manera su profundo conocimiento de ti te consuela?

5. Enumera algunos recursos divinos que están a tu disposición cuando tu cuerpo cambia y te sientes fuera de control (por ejemplo, la gracia de Dios).

## RESPONDE

6. ¿Qué pasos prácticos puedes dar para garantizar que, a pesar de experimentar cambios físicos y tener altibajos emocionales, no actúes de una manera que desagrada a Dios o lastima a los demás?

_____

_____

_____

*Señor, cuando ocurren ciertos cambios en mi cuerpo a veces me resulta difícil responder*
*con amabilidad ante ti o los demás. Sé que tú me has creado, que tú controlas los*
*ciclos cambiantes y las diferentes etapas de mi vida, y que tú me ofreces los recursos*
*para enfrentarlos y para honrarte en cada una de esas etapas. Amén.*

# EL MANEJO DE LA DEPRESIÓN *(pp. 249-260)*
## DÍA CINCO

## DESCUBRE

1. Lee el Salmo 42. Describe algunas circunstancias que David enfrentaba y cómo se sentía cuando escribió este salmo.

_____

_____

2. Anota frente a las siguientes frases los versículos del pasaje que muestran que David...

* fue sincero con Dios respecto a lo que sentía

_____

* enfrentó por sí mismo la razón de su depresión

_____

* buscó a Dios en medio de su depresión

_____

* aconsejó su corazón conforme a la verdad del carácter de Dios

_____

* ejercitó su fe en la victoria suprema de Dios sobre sus sentimientos y circunstancias

_____

## REFLEXIONA

3. Las Escrituras señalan que los problemas espirituales y del corazón pueden producir síntomas emocionales de depresión. Elige dos o tres problemas citados en la lista, y explica de qué manera pueden contribuir a los síntomas depresivos.

Ingratitud

_____

Conflicto sin resolver

_____

Culpa

_____

Amargura

_____

Falta de perdón

_____

Incredulidad

_____

Exigencia de los derechos

_____

Ira

_____

Egocentrismo

_____

4. Elige de los siguientes "recursos divinos" uno o dos, y explica por qué son vitales en el manejo de la depresión: oración, perdón, confesión de pecado, obediencia, aceptación, ceder los "derechos", el cuerpo de Cristo, la gracia de Dios, la Palabra, la alabanza y la fe.

_____

_____

_____

5. ¿Cuáles son algunos recursos "naturales" o humanos que Dios ha provisto y que podrían ser de utilidad para el manejo de la depresión? (por ejemplo, alimentos nutritivos, luz solar, tratamiento médico, etc.).

_____

_____

6. Muchos cristianos han experimentado una "oscura noche del alma" incluso cuando caminan con Dios. Lee Isaías 50:10, Hebreos 4:14-16 y 12:3. Según la Palabra de Dios, ¿qué debería hacer un creyente en esos momentos?

_____

_____

## RESPONDE

7. Alguien que sufre depresión puede sentir que Dios está muy distante o es imaginario. El salmista se sintió tentado muchas veces a sentirse así (ver Sal. 42:10). ¿Cómo manejó este sentimiento de depresión el autor del Salmo 42? Escribe a continuación el Salmo 42:11 en tus propias palabras, poniendo tu nombre donde el salmista dice "alma mía". Escribe este versículo en una tarjeta y ponlo en un lugar donde recuerdes declararlo para ti misma según lo necesites.

_____

_____

_____

> CITA DE *Nancy*
>
> *"En cierta medida, la enfermedad (ya sea física, emocional o mental), el dolor y la depresión son consecuencias inevitables de vivir en un mundo caído. Como nos recuerda el apóstol Pablo en Romanos 8, la creación entera 'gime' bajo el peso de su condición pecaminosa, anhelando nuestra redención final".* (p. 251)

*Señor, tú eres mi luz en las tinieblas, mi esperanza en momentos de desesperanza, y mi ayudador en la hora de mayor angustia. Tú levantas mi cabeza. Sin importar cuán grandes sean las tinieblas que me rodean, ayúdame a fijar mis ojos en ti, a esperar en ti con paciencia, y a confiar en que eres fiel y que tu misericordia y gracia me sostendrán. Amén.*

## CAMINEMOS JUNTAS EN LA VERDAD...

1. Después de leer y estudiar el capítulo 9, ¿qué verdades te parecieron especialmente alentadoras o útiles? (ver páginas 261-262 en *Mentiras que las mujeres creen*). ¿Te pareció alguna verdad difícil de aceptar? ¿Por qué?

_____

_____

- ■ **MENTIRA #37: Si siento algo, debe ser cierto.**
- ■ **VERDAD:** No siempre podemos fiarnos de nuestros sentimientos. Por lo general, no concuerdan con la realidad y pueden inducirnos con facilidad a creer mentiras. Debemos tomar la decisión de rechazar cualquier sentimiento que no se conforme a la verdad.

2. Describe una ocasión en la que tus emociones te engañaron y no coincidían con lo que era verdad respecto a una situación. ¿Elegiste creer tus sentimientos, o los rechazaste y creíste la verdad? ¿Cuál fue el resultado?

_____

_____

- **MENTIRA #38: No puedo controlar mis emociones.**
- **VERDAD:** No tenemos que dejarnos controlar por nuestras emociones. Podemos elegir fijar nuestros pensamientos en la verdad, llevar todo pensamiento cautivo a la obediencia a la verdad, y dejar que Dios controle nuestras emociones.

3. Lee 2 Corintios 10:5. ¿Cómo puedes verdaderamente "llevar todo pensamiento cautivo a la obediencia a Cristo"? ¿Cómo cambiará tu vida si logras poner esto en práctica?

_____

CITA DE *Nancy*

*"Tenemos un Salvador que se interesa profundamente por aquellos que sufren. Él es tierno y compasivo con aquellos que son débiles o tienen luchas... Además, las Escrituras nos instan a mostrar la misma compasión hacia las personas que sufren".*
*(p. 258)*

- **MENTIRA #39: No puedo evitar mis reacciones cuando mis hormonas están fuera de control.**
- **VERDAD:** Por la gracia de Dios podemos elegir obedecerlo sin importar cómo nos sintamos. No hay excusa para consentir actitudes, reacciones o conductas impropias. Nuestros ciclos emocionales y físicos están sometidos al control de nuestro Creador que nos cuida y nos asiste en cada etapa de nuestra vida.

4. Los cambios hormonales son algo muy real. Ninguna mujer lo pone en duda. ¿Qué provisión ha dispuesto Dios para ayudarnos a lidiar con esos cambios de una manera que lo glorifique?

_____

5. ¿De qué manera las emociones fluctuantes que pueden acompañar nuestro ciclo menstrual, embarazo o menopausia, pueden en realidad acercarnos más al Señor?

_____

_____

- **MENTIRA #40: No soporto estar deprimida.**
- **VERDAD:** Los síntomas físicos y emocionales de la depresión son a veces el resultado de problemas del espíritu que necesitan ser tratados. Sin importar cómo nos sintamos, podemos elegir dar gracias, obedecer a Dios y ayudar a otros. Dios nos ha dado poderosos recursos como su gracia, su Espíritu, su Palabra, sus promesas y el cuerpo de Cristo para atender nuestras necesidades emocionales.

6. ¿Crees que existe una razón por la cual la depresión se haya vuelto tan extendida entre las mujeres del hemisferio occidental?

_____

_____

7. ¿Cuáles son algunos problemas del corazón que pueden provocar síntomas físicos o emocionales de depresión? ¿Por qué es importante tratar esos problemas?

_____

_____

8. ¿Cuáles son algunos recursos (naturales y sobrenaturales) que Dios ha puesto a nuestra disposición para que ministremos gracia a una mujer que sufre depresión?

_____

_____

_____

CITA DE *Nancy*

*"Debemos recordar que 'sentirse bien' no es el objetivo supremo de la vida cristiana... mientras vivamos en este cuerpo, estaremos sometidas a diversos grados de sufrimiento y aflicción... el verdadero enfoque de nuestra vida no debe ser cambiar o 'arreglar' las cosas para sentirnos mejor, sino buscar la gloria de Dios y su propósito redentor en el mundo... El gozo verdadero viene como resultado de entregarnos sin reservas a ese fin". (p. 260)*

9. Lean juntas Lamentaciones 3:1-33. Describe la angustia que sintió Jeremías. Al final, ¿en qué puso Jeremías su esperanza?

_____

_____

_____

10. Anima a algunas mujeres de tu grupo a comentar cómo han experimentado la verdad de Lamentaciones 3:21-26 en su caminar con Dios.

# CAPÍTULO DIEZ

# DE CARA A LAS *circunstancias*

## SÍNTESIS...

El capítulo 10 se aplica a todas nosotras, porque todas vivimos en alguna "circuns-tancia". Nuestra situación en la vida puede variar tanto como el número de personas involucradas. Y la manera como reaccionamos a nuestras circunstancias, ya sea que creamos la mentiras que Satanás nos presenta o que abracemos la verdad de Dios, tiene un efecto profundo en todo lo demás. Por supuesto, algunas circunstancias están fuera de nuestro control.

Si no podemos ver la mano soberana de Dios detrás de nuestras circunstancias, lo que sucede es que nos volvemos susceptibles a la confusión, la frustración, la amargura, la ira y la desesperanza.

Una mentira que nos vemos tentadas a creer es que, si tan solo nuestras circunstan-cias fueran diferentes, nosotras seríamos diferentes, actuaríamos de manera diferente o seríamos más felices. Lo que realmente queremos decir es que somos víctimas de nuestras circunstancias. La verdad es que nuestras circunstancias no definen lo que somos; nada más revelan lo que somos. Puede que no podamos controlar nuestras circunstancias, pero por la gracia de Dios podemos elegir cómo responder frente a ellas.

Otra manera en que muchos creyentes han sido engañados es la idea de que es injusto que sufran. Sin embargo, Jesús nunca prometió una vida fácil. De hecho, las Escrituras en-señan que es imposible volvernos como Jesús, es decir, ser santas, aparte del sufrimiento. Si no entendemos la necesidad y el valor del sufrimiento, nuestra preocupación será en-contrar alivio para nuestro sufrimiento antes que descubrir el fruto puro que Dios quiere producir en nuestra vida por medio de él.

Otra mentira que podemos creer es que nuestras circunstancias nunca van a cambiar. Si creemos esta mentira, vamos a desanimarnos y seremos tentadas a darnos por venci-das cuando enfrentemos circunstancias que parezcan imposibles. A fin de caminar en libertad, debemos cambiar nuestra perspectiva temporal y terrenal por una celestial. Aun si nada cambia en los días de vida que tengamos, los años que vivimos en esta tierra no son más que un parpadeo a la luz de la eternidad. Podemos entonces orar para que Dios intervenga, pero debemos ser pacientes cuando Él no obra tan rápido como quisiéramos.

Debemos confiar, obedecer, esperar y perseverar aun mientras aguardamos la respuesta de Dios. Y debemos mantener nuestros ojos puestos en Cristo, ¡y en el gozo eterno que nos espera en el cielo!

La cuarta mentira, "ya no aguanto más", confunde a muchas personas para que se den por vencidas cuando las circunstancias se ponen difíciles. Creen que Dios les ha puesto una carga más pesada de lo que pueden soportar. Pero Dios promete que su gracia es suficiente para ayudarnos en nuestra debilidad, sin importar las circunstancias que enfrentemos.

La quinta mentira, que todas nacimos creyendo, está presente en toda nuestra sociedad: "lo único que importa soy yo". Las personas que tienen esta mentalidad sienten y actúan como si nada fuera más importante que sus propios intereses, necesidades y deseos. Esta actitud puede fácilmente llevar a la ruptura matrimonial, a la desintegración del hogar y a corazones rotos. Como creyentes, estamos llamadas a abrazar la verdad de que en esta vida lo que importa es Dios, no nosotros. Él es nuestra razón de existir y debemos vivir para honrarlo y glorificarlo.

## EXPLOREMOS LA VERDAD...

# ACEPTEMOS NUESTRAS CIRCUNSTANCIAS
*(pp. 263-268)*
## DÍA UNO

## DESCUBRE

1. Describe las circunstancias de Eva en el huerto antes de haber pecado. A pesar de ese ambiente ideal, Eva se las ingenió para estar insatisfecha y tomar una mala decisión. ¿Qué revela esto acerca de nuestras circunstancias y nuestras elecciones?

_____

_____

_____

CITA DE *Nancy*

*"Pensamos que si nuestras circunstancias fueran diferentes —nuestra crianza, el ambiente y las personas que nos rodean—, nosotras seríamos diferentes... La verdad es que nuestras circunstancias no determinan lo que somos, solo revelan lo que somos". (p. 266)*

## REFLEXIONA

2. Echa un vistazo a la lista de "si tan solo", en las páginas 266-67 de *Mentiras que las mujeres creen*. ¿Se aplica alguna a tu caso personal? ¿Cuáles son tus propios "si tan solo", es decir, las circunstancias a las que tiendes a achacar tus malas respuestas y tu falta de gozo?

   _____

   _____

3. ¿Qué respuestas pecaminosas has justificado o racionalizado debido a circunstancias que están fuera de tu control (por ejemplo, "no he honrado a mi esposo, lo he criticado delante de otros, y vivo angustiada por sus "decisiones financieras")?

   _____

   _____

4. Escribe un ejemplo de una circunstancia en tu vida que reveló algo acerca de tu corazón que era necesario cambiar (por ejemplo, te pusiste impaciente mientras esperabas en la fila del supermercado).

   _____

   _____

5. Lee 2 Corintios 4:8-11, 16. ¿Cómo es que el apóstol Pablo salió victorioso de sus circunstancias y no como una víctima?

   _____

   _____

## RESPONDE

6. Anota una o más circunstancias difíciles que estás enfrentando en este momento. Frente a cada circunstancia, describe tu respuesta interior y exterior a esa situación. Puede que Dios decida cambiar o no tu circunstancia, pero, si se lo permites, Él usará tu circunstancia para cambiarte. ¿Qué cambios necesitas hacer en tu actitud y en tus respuestas?

   _____

   _____

*Señor, confieso que a menudo he permitido que mis circunstancias controlen mis actitudes y mis respuestas. Quiero que tu Espíritu me controle. Por favor ayúdame a confiar en ti a pesar de lo que suceda a mi alrededor, y enséñame a regocijarme y a contentarme en toda circunstancia. Amén.*

# EL PROPÓSITO EN EL SUFRIMIENTO *(pp. 268-270)*
## DÍA DOS

## DESCUBRE

1. ¿Por qué es el sufrimiento un hecho inevitable de la condición humana? ¿Seremos totalmente libres de sufrimiento y dolor en este mundo? ¿Por qué no?

   _____

   _____

   _____

2. Anota uno o dos ejemplos que ilustren el instinto humano natural de evitar el sufrimiento.

   _____

   _____

3. Haz una lista de diferentes tipos de sufrimiento que tú u otras personas han tenido que soportar (por ejemplo, un desastre económico, una enfermedad física, la preocupación por un hijo).

   _____

   _____

   _____

> ## CITA DE *Nancy*
>
> *"Todos los escritores del Nuevo Testamento reconocieron que hay un fruto de santidad y redención que solo puede resultar del sufrimiento. De hecho, Pedro se atreve a declarar que el sufrimiento es nuestro llamado, no solo para un grupo selecto de líderes cristianos o mártires, sino para todo hijo de Dios".*
> *(p. 270)*

## REFLEXIONA

4. ¿Qué nos enseñan los siguientes versículos en el libro de 1 Pedro acerca de los propósitos de Dios con el sufrimiento y de cómo debemos responder a él?

   • 1:7

   _____

   • 2:21-23

   _____

   • 3:9

   _____

- 3:14-17

- 4:1-2

- 4:12-16, 19

- 5:8-10

5. El sufrimiento que has experimentado hasta ahora en tu vida puede parecer insignificante comparado con lo que leemos aquí en 1 Pedro. Sin embargo, Dios puede usar cualquier incomodidad o sufrimiento en nuestra vida con fines santificadores y redentores. Escribe un ejemplo de un fruto bueno y piadoso que ha resultado de algún sufrimiento en tu vida.

## RESPONDE

6. ¿Cómo podría una situación dolorosa que enfrentas en este momento servir "como una vía para alcanzar la santidad y como una puerta hacia una mayor intimidad con Dios" (*Mentiras que las mujeres creen*, página 270)?

*Padre, gracias porque tu sufrimiento nos hace más como tu Hijo, quien sufrió por nosotros. No quiero perderme las bendiciones que puedes traer a mi vida y a otros por medio de mi sufrimiento. Ayúdame a abrazar el sufrimiento cuando venga, y permíteme cumplir todos tus propósitos en mi vida y a través de ella. Amén.*

# UNA PERSPECTIVA ETERNA *(pp. 271-273)*
### DÍA TRES

## DESCUBRE

1. ¿Qué aprendemos de los siguientes personajes bíblicos?

   - Dios prometió poner fin a la esterilidad de Sara y darle a ella y a Abraham un hijo. ¿Cuánto tuvieron que esperar para que la promesa se cumpliera? (Gn. 12:4-5; 21:5)

   _____

   - ¿Cuánto tiempo estuvo José en prisión por un crimen que no cometió, después de que el copero había prometido presentar su caso delante de faraón? (Gn. 40:23—41:1)

   _____

   - Josué oró pidiendo victoria sobre sus enemigos. ¿Con cuánta prontitud respondió Dios su petición? (Jos. 10:12-14)

   _____

   - María y Marta sabían que Jesús podía sanar a su hermano Lázaro, que estaba enfermo. ¿Cuánto tuvieron que esperar antes de que Jesús llegara? (Jn. 11:17)

   _____

> CITA DE *Nancy*
>
> *"Tu noche de lloro puede durar meses e incluso años. Con todo, si eres hija de Dios, no durará para siempre. Dios ha establecido la duración exacta de tu sufrimiento, de modo que este no excederá lo necesario para cumplir su propósito santo y eterno en y a través de tu vida". (p. 272)*

2. Describe una ocasión en la que oraste por algo y tuviste que esperar mucho tiempo la respuesta que esperabas. (O describe una petición de oración para la cual todavía estás esperando la respuesta de Dios).

   _____

   _____

## REFLEXIONA

3. ¿Qué propósitos podría tener Dios para no resolver un problema nuestro o no cambiar una circunstancia difícil con la prontitud con la que deseamos? ¿De qué manera la tardanza de Dios en responder nuestra petición logra sus propósitos eternos y santos en nuestra vida?

   _____

   _____

4.  Según Apocalipsis 21:1-7, ¿estamos a la espera de qué sucesos? ¿Cómo puede esta visión ayudarnos a soportar el dolor y el sufrimiento en esta vida sobre la tierra?

    _____

    _____

    _____

## RESPONDE

5.  Lee el Salmo 130:5. Esperar es una acción deliberada que a menudo requiere más valor que tomar las riendas de un asunto. Esperar exige confianza, obediencia, esperanza y perseverancia. ¿En qué situación actual de tu vida crees que necesitas sencillamente esperar en silencio en el Señor?

    _____

    _____

    _____

*Padre, puede ser difícil perseverar cuando pareciera que mis circunstancias no cambian. Ayúdame a esperar a que actúes en tu tiempo, sabiendo que será el indicado. Hasta entonces, enséñame a confiar, obedecer, esperar y perseverar. Glorifícate en mi vida. Amén.*

# LA GRACIA DE DIOS ES SUFICIENTE *(pp. 273-275)*
## DÍA CUATRO

## DESCUBRE

1.  ¿Por qué crees que muchas personas eligen darse por vencidas en sus matrimonios, sus trabajos, sus hijos?

    _____

    _____

2.  Describe una ocasión en la que fuiste tentada a darte por vencida, tirar la toalla y decir "ya no aguanto más". ¿Qué te llevó a sentirte así? ¿Qué hiciste?

    _____

    _____

## REFLEXIONA

3. Lee 2 Corintios 11:22-30. ¿Crees que alguna vez Pablo sintió que ya no aguantaba más? ¿Qué crees que le permitió perseverar?

_____

_____

4. Ahora lee 2 Corintios 12:7-10. ¿De qué maneras crees que Dios usó "el aguijón en la carne" de Pablo? ¿Qué aprendió él acerca de la gracia de Dios que no hubiera podido aprender de ninguna otra manera?

_____

_____

_____

5. ¿Es sabio en ocasiones descontinuar una actividad, trabajo o situación? ¿Cómo puedes saber si deberías persistir y perseverar, o buscar un cambio?

_____

_____

_____

CITA DE *Nancy*

*"Querida hija de Dios, tu Padre celestial nunca te llevará a un lugar donde su gracia no pueda sostenerte. Si el camino delante de ti parece interminable y desalentador, cobra ánimo. Levanta tus ojos. Vislumbra aquel día en el que todo sufrimiento terminará". (p. 275)*

## RESPONDE

6. Anota dos o tres circunstancias en tu vida que no puedes manejar sola. En seguida, escribe junto a cada circunstancia: "tu gracia es suficiente para mí".

_____

_____

_____

*Señor, a veces siento que simplemente no aguanto más. Me siento demasiado débil. Aun así, tú prometes que tu gracia es suficiente para mí, y que tu poder se perfecciona en mi debilidad. Ayúdame hoy a caminar en tu gracia y fortaleza. Estoy agradecida porque por tu gracia puedo seguir adelante. Amén.*

# UNA VIDA CENTRADA EN DIOS *(pp. 275-282)*
## DÍA CINCO

## DESCUBRE

1. ¿Cuál crees que es tu razón de vivir? Si tuvieras que escribir una breve declaración de propósito para tu vida, ¿qué dirías?

_____

_____

## REFLEXIONA

2. Según Apocalipsis 4:11, ¿para qué fuimos creadas?

_____

_____

3. Lee Filipenses 1:21-24 y 3:7-16. ¿Cómo respondería Pablo la pregunta sobre su razón de vivir?

_____

_____

_____

4. Lee Hechos 20:22-24. ¿De qué modo la pasión de Pablo de cumplir el propósito de Dios para su vida lo capacitó para soportar y continuar sirviendo a Cristo a pesar de la adversidad?

_____

_____

## RESPONDE

5. ¿Qué se interpone para que te rindas por completo a Cristo y a sus planes en el mundo (por ejemplo, personas específicas, metas, posesiones, deseos, etc.)?

_____

_____

6. Escribe una oración para confesar cualquier área de tu vida en la que has velado principalmente por ti misma y tus propios intereses. Si puedes hacerlo con sinceridad, expresa tu deseo de tener una vida completamente centrada en Dios. Si todavía no estás lista para ello, pídele a Dios que cambie tu corazón y que te dé sus deseos y su perspectiva.

_____

_____

_____

*Señor, confieso que mi tendencia natural es buscar lo mío, mis intereses y mi felicidad. Pero me doy cuenta de que yo no soy el centro de todo. Tú eres el único que importa y tu reino, tu voluntad, tu gloria. Fui creada para agradarte y glorificarte. Sé que solo encontraré verdadero gozo si entrego mi vida para ese fin. Amén.*

## CAMINEMOS JUNTAS EN LA VERDAD...

1. Después de leer y estudiar el capítulo 10, ¿qué verdad te pareció especialmente alentadora y útil? (ver páginas 283-284 en *Mentiras que las mujeres creen*).

   _____

   _____

- **MENTIRA #41: Si mis circunstancias fueran diferentes, yo sería diferente.**
- **VERDAD:** Nuestras circunstancias no determinan lo que somos; solo revelan quiénes somos en realidad. Si no estamos satisfechas con nuestras circunstancias presentes tampoco lo estaremos con otras. Tal vez no podamos controlar nuestras circunstancias, pero podemos evitar que ellas nos controlen. Cada circunstancia que viene a nuestra vida ha pasado primero por las manos amorosas de Dios.

CITA DE *Nancy*

*"Hemos sido engañadas para creer que seríamos más felices si nuestras circunstancias fueran diferentes. Sin embargo, la verdad es que, si no estamos satisfechas con nuestras circunstancias actuales, lo más probable es que tampoco lo estemos con otras".* (p. 267)

2. El apóstol Pablo enfrentó constantemente problemas y adversidad. No obstante, sus circunstancias nunca apagaron su gozo. De hecho, él tenía este extraordinario testimonio: "Sobreabundo de gozo en todas nuestras tribulaciones" (2 Co. 7:4). ¿Cómo podía Pablo experimentar gozo verdadero en medio de la tribulación? (busca algunas pistas en 2 Co. 1:3-6 y Fil. 4:11-13).

_____

_____

3. Cuando enfrentaba circunstancias estresantes, Elizabeth Prentiss escribió a su amiga: "la experiencia del invierno pasado me convenció de que el lugar y la posición nada tienen que ver con la felicidad, que podemos ser desdichados en un palacio, felices en una mazmorra"[1] (*Mentiras que las mujeres creen*, p. 267). ¿Estás de acuerdo con ella? Si es así, ¿por qué? ¿Cómo has visto esta idea reflejada en tu propia experiencia o en la de otros?

_____

_____

■ **MENTIRA #42: Es injusto que yo sufra.**

■ **VERDAD:** Es imposible que logremos ser como Jesús sin sufrimiento. Hay un fruto redentor en nuestra vida que es imposible lograr sin él. El sufrimiento puede convertirse en la puerta hacia una mayor intimidad con Dios. El gozo verdadero no consiste en la ausencia de sufrimiento, sino en la presencia del Señor Jesús en medio de él.

4. ¿Qué bendiciones o beneficios podríamos perdernos si huimos del sufrimiento en lugar de abrazarlo y crecer por medio de él?

_____

_____

## CITA DE *Nancy*

*"La verdad es que tu sufrimiento, ya sea una dolencia física, recuerdos de maltrato, un matrimonio conflictivo o un corazón roto por causa de un hijo rebelde, puede prolongarse mucho tiempo. Con todo, no durará para siempre. Quizá perdure toda tu vida aquí en la tierra. Con todo, ni siquiera la vida entera dura para siempre".* (p. 271)

5. Comenta algunas ideas que te inspiró 1 Pedro a partir de las páginas 117-118 en esta guía de estudio. Conforme meditas en lo que has aprendido acerca de los propósitos de Dios con nuestro sufrimiento, ¿cómo afecta esto tu perspectiva acerca de una situación difícil que enfrentas actualmente?

_____

_____

■ **MENTIRA #43: Mis circunstancias nunca cambiarán; esto durará para siempre.**

■ **VERDAD:** Es posible que nuestro sufrimiento dure toda la vida. Con todo, no durará para siempre. Nuestras circunstancias dolorosas no prevalecerán más allá de lo que Dios ha designado para llevar a cabo su propósito eterno en nuestra vida. Un día se acabarán para siempre el sufrimiento, el dolor y las lágrimas.

6. Lee Santiago 1:2-4. ¿Qué conexión hay entre pruebas y madurez espiritual? ¿Por qué es importante para los creyentes aprender la perseverancia, y cómo se desarrolla?

_____

_____

---

1. George Lewis Prentiss, ed., *More Love to Thee: The Life And Letters of Elizabeth Prentiss* (Amityville, NY: Calvary, 1994), p. 374.

7.  Lee Romanos 8:18 y 2 Corintios 4:17-18. ¿Qué esperanza nos dan estos versículos? ¿De qué modo mirar hacia el futuro nos ayuda a enfrentar las pruebas que parecen interminables?

_____

_____

■ **MENTIRA #44: Ya no aguanto más.**
■ **VERDAD:** Sean cuales sean nuestras circunstancias o nuestra situación en la vida, la gracia de Dios es suficiente para nosotras. Dios nunca pondrá sobre nosotras una carga para la cual Él nos niegue su gracia para sobrellevarla.

8.  Pide a dos o tres mujeres de tu grupo que comenten un breve ejemplo de cómo la gracia de Dios ha sido suficiente para ellas frente a una situación en la cual sentían que no podían aguantar más.

_____

_____

CITA DE *Nancy*

*"Lo creamos o no, si somos hijas de Dios la verdad es que su gracia realmente nos basta... para cada momento, cada circunstancia, cada detalle, cada necesidad y cada fracaso de nuestra vida". (p. 274)*

9.  Una manera significativa de servirnos las unas a las otras en el cuerpo de Cristo es recordarnos mutuamente que la gracia de Dios es en verdad suficiente para todas nuestras necesidades, y animarnos a ejercitar la fe en su provisión.

    Pide a alguna voluntaria de tu grupo que comente en una breve frase una circunstancia que está enfrentando actualmente y que a veces parece insoportable (por ejemplo, un hijo adicto a las drogas, una apremiante entrega de trabajo, etc.). A medida que se expresan las necesidades, invita a las participantes a responder en voz alta y al unísono: "Su gracia es suficiente para ti". Luego, aquella participante que comentó su situación, responde al grupo diciendo: "Su gracia es suficiente para mí". Prosigan de la misma manera con cada participante que comenta su situación para la cual necesita la gracia de Dios. (No susurren sus respuestas, sino digan con convicción: "¡Su gracia es suficiente!").

■ **MENTIRA #45: Lo único que importa soy yo.**
■ **VERDAD:** Dios es el principio, el fin y el centro de todas las cosas. Todas las cosas fueron creadas por Él y para Él. Nuestras vidas son prescindibles. Fuimos creadas para agradarle y glorificarle.

10. ¿Qué significa vivir *coram Deo* (ver página 278 en *Mentiras que las mujeres creen*)? ¿Cómo cambiaría nuestro mundo si las mujeres cristianas vivieran de esa manera? ¿En qué cambiaría tu vida si vivieras así cada día?

_____

_____

_____

_____

# CAPÍTULO ONCE

# CAMINA EN LIBERTAD

## SÍNTESIS...

Los capítulos 11 y 12 concluyen el libro con consejos acerca de cómo resistir las mentiras de Satanás con la verdad de Dios. El libro entero se estructura alrededor de estos dos conceptos relacionados:

- Creer mentiras nos esclaviza
- La verdad tiene el poder para hacernos libres

Puede que algunas necesitemos tratar áreas en las que el engaño está profundamente arraigado. Todas debemos estar alerta y vigilantes contra las mentiras de Satanás, y tomar al enemigo con seriedad. La Palabra de Dios nos recuerda: "vuestro adversario el diablo, como león rugiente, anda alrededor buscando a quien devorar" (1 P. 5:8). Sus métodos son astutos y engañosos. Como él sabe que tal vez no creeremos fácilmente las mentiras abiertas, nos bombardea con propaganda sutil. A juzgar por el cautiverio en el que muchas mujeres viven, el enemigo hace un excelente trabajo de vendernos sus mentiras sutiles y sus medias verdades. Es fácil ver por doquier las consecuencias de su engaño.

La buena noticia es que la verdad siempre es más fuerte que cualquier mentira, del mismo modo que nuestro Salvador es siempre más poderoso que nuestro enemigo. Los creyentes no somos inmunes a los ataques de Satanás, pero sí tenemos armas para protegernos de ellos: la verdad absoluta de la Palabra de Dios, el amor redentor y la gracia de Cristo, y el poder del Espíritu Santo que mora en nosotros.

La verdad de Dios tiene el poder para ayudarnos a discernir las mentiras de Satanás y también para liberarnos, cuando nos apropiamos de su gracia en nuestra vida diaria. Cada vez que oímos un mensaje, sin importar de dónde provenga, debemos evaluarlo a la luz de su Palabra. Cuanto más conozcamos la Palabra, más capacitadas estaremos para identificar las mentiras de Satanás y resistirlas con la verdad de Dios.

Cuando aprendamos la verdad, la creamos, nos sometamos a ella y vivamos conforme a ella por su gracia, seremos libres para experimentar la vida abundante que Cristo vino a darnos, y podremos guiar a otras a la verdad que puede hacerlas libres.

EXPLOREMOS LA VERDAD...

# SOMÉTETE A LA VERDAD *(pp. 287-296)*
## DÍA UNO

## DESCUBRE

1. Echa un vistazo a la lista de mentiras del índice del libro *Mentiras que las mujeres creen*. A lo largo de este estudio, ¿te ha mostrado el Señor áreas específicas en las que has sido engañada? Anota una o más mentiras (ya sea de la lista en *Mentiras que las mujeres creen* u otras que has identificado) que has creído.

_____

_____

_____

2. Describe de qué manera esas mentiras te han tenido cautiva.

_____

_____

## REFLEXIONA

3. ¿Cuáles son las verdades correspondientes de la Palabra de Dios que contrarrestan las anteriores mentiras? Escribe la(s) verdad(es) en el espacio a continuación, y anota la cita bíblica donde puedes encontrarlas. (Al final de cada capítulo de *Mentiras*, encontrarás una lista de mentiras con las verdades correspondientes, junto con pasajes bíblicos relacionados).

_____

_____

_____

4. ¿Cómo pueden las verdades que has identificado liberarte de la esclavitud y hacerte más semejante a Jesús?

_____

_____

_____

CITA DE *Nancy*

*"La verdad tiene el poder para vencer cualquier mentira. Esto es lo que el enemigo no quiere que tú sepas. En tanto que creas sus mentiras, él puede mantenerte cautiva. En cambio, tan pronto conozcas la verdad y comiences a creer y a actuar conforme a ella, las puertas de la prisión se abrirán y serás libre".* (p. 290)

## RESPONDE

5. No basta con conocer la verdad. Debemos someternos a la verdad. ¿Qué necesitas para cambiar tu manera de pensar o de vivir que no se conforma con la verdad de la Palabra de Dios?

_____

_____

_____

*Señor, gracias por mostrarme las mentiras que me han mantenido cautiva*
*y la verdad que puede hacerme libre. Cada vez que surge una mentira, te*
*pido que me ayudes a creer y a actuar conforme a la verdad. Amén.*

# CAMINA EN LA VERDAD ACERCA DE DIOS *(pp. 297-300)*
## DÍA DOS

### VERDADES 1-6

## DESCUBRE

1. Revisa cada una de las primeras seis verdades en la lista que empieza en la página 298. Luego, busca los versículos correspondientes y describe cómo afirman la verdad.

   Verdad #1: Salmo 119:68; 136:1

   _____

   _____

   Verdad #2: Romanos 8:32, 38-39

   _____

   _____

   Verdad #3: Efesios 1:4-6

   _____

   _____

   Verdad #4: Salmo 23:1

   _____

   _____

Verdad #5: Isaías 26:3-4

_____
_____
_____

Verdad #6: Isaías 46:10

_____
_____
_____

## REFLEXIONA

2. Escoge una verdad de la lista anterior, aquella que sientes que más necesitas hoy. Escríbela en el espacio provisto abajo.

_____
_____

## RESPONDE

3. Anota uno o dos cambios concretos que harás, con la ayuda de Dios, para actuar conforme a la verdad que has escogido. Luego, eleva la oración provista, completando las frases con la verdad y los cambios que escogiste.

_____
_____

*Señor, gracias porque tu Palabra me dice la verdad acerca de quién eres tú, lo que has hecho por mí y cuánto me amas. Recibo la verdad según la cual _____, y hoy actuaré conforme a esa verdad de esta manera: _____. Amén.*

# CAMINA EN LA VERDAD DE LA SUFICIENCIA DE CRISTO *(pp. 300-302)*

## DÍA TRES

### VERDADES 7-11

## DESCUBRE

1. Repasa las siguientes cinco verdades de la lista, empezando por la #7 de la página 300. Luego, busca los versículos correspondientes y describe cómo afirman la verdad.

Verdad #7: 2 Corintios 12:9

_____

_____

Verdad #8: 1 Juan 1:7

_____

_____

Verdad #9: Romanos 6:6-7

_____

_____

Verdad #10: 1 Corintios 6:9-11

_____

_____

Verdad #11: Salmo 19:7; 107:20; 119:105

_____

_____

## REFLEXIONA

2. Escoge una verdad de la lista anterior, aquella que sientes que más necesitas hoy. Escríbela en el espacio provisto abajo.

_____

_____

_____

## RESPONDE

3.  Anota uno o dos cambios concretos que harás, con la ayuda de Dios, para actuar conforme a la verdad que has escogido. Luego, eleva la oración provista, completando las frases con la verdad y los cambios que escogiste.

_____

_____

> *Señor, gracias porque tu gracia es suficiente para ayudarme aun en mi necesidad más profunda y sin importar cuán tenaz sea mi cautiverio. Recibo la verdad según la cual _____, y hoy actuaré conforme a esa verdad de esta manera:_____. Amén.*

# CAMINA EN LA VERDAD EN LUGAR DE CONTROLAR *(pp. 303-305)*

### DÍA CUATRO

### VERDADES 12-17

## DESCUBRE

1.  Repasa las siguientes seis verdades de la lista, empezando en la página 303. Luego, busca los versículos correspondientes y describe cómo afirman la verdad.

Verdad #12: 1 Tesalonicenses 5:24; Filipenses 2:13

_____

_____

_____

Verdad #13: Ezequiel 18:19-22

_____

_____

_____

Verdad #14: Gálatas 6:7-8

_____

_____

_____

Verdad #15: Mateo 16:25; Lucas 1:38; 1 Pedro 5:7

_____

_____

_____

Verdad #16: Romanos 13:1; 1 Pedro 3:1-6

_____

_____

_____

Verdad #17: Efesios 5:26–27

_____

_____

_____

## REFLEXIONA

2. Escoge una verdad de la lista anterior, aquella que sientes que más necesitas hoy. Escríbela en el espacio provisto abajo.

_____

_____

_____

## RESPONDE

3. Anota uno o dos cambios concretos que harás, con la ayuda de Dios, para actuar conforme a la verdad que has escogido. Luego, eleva la oración provista, completando las frases con la verdad y los cambios que escogiste.

_____

_____

_____

*Señor, gracias porque puedo encontrar gozo y libertad cuando te entrego a ti el control de mi vida. Entiendo que la verdadera libertad se encuentra en someterme a ti. Recibo la verdad según la cual_____, y hoy actuaré conforme a esa verdad de esta manera:_____. Amén.*

# CAMINA EN LA VERDAD GLORIFICANDO A DIOS *(pp. 306-308)*

## DÍA CINCO

### VERDADES 18-21

## DESCUBRE

1. Repasa una por una las últimas cuatro verdades, empezando en la página 306. Luego, busca los versículos correspondientes y describe cómo afirman la verdad.

   Verdad #18: Romanos 8:29

   _____
   _____
   _____

   Verdad #19: 1 Pedro 5:10

   _____
   _____
   _____

   Verdad #20: 2 Corintios 4:17–18

   _____
   _____
   _____

   Verdad #21: Colosenses 1:16–18; Apocalipsis 4:11

   _____
   _____
   _____

## REFLEXIONA

2. Escoge una verdad de la lista anterior, aquella que sientes que más necesitas hoy. Escríbela en el espacio provisto abajo.

_____
_____
_____

> CITA DE *Nancy*
>
> "Si concordamos con Dios y reconocemos que la razón de nuestra existencia es glorificarlo y complacerlo a Él, podemos aceptar cualquier circunstancia en nuestra vida como parte de su voluntad y propósito soberanos. No desecharemos ni nos rebelaremos contra las dificultades, sino que las aceptaremos como aliadas, como enviadas de Dios para hacernos más como Jesús y glorificarlo en mayor medida. Entonces podremos ver su rostro y decir: 'No soy yo quien importa. Solo tú. Si esto te agrada, me agrada a mí. Lo único que importa es que tú seas glorificado'". (p. 308)

## RESPONDE

3. Anota uno o dos cambios concretos que harás, con la ayuda de Dios, para actuar conforme a la verdad que has escogido. Luego, eleva la oración provista, completando las frases con la verdad y los cambios que escogiste.

   _____

   _____

   *Señor, gracias porque esta vida es mucho más grande que yo. Tú me has puesto*
   *en esta tierra para glorificarte y agradarte. Eso es lo que yo quiero hacer, Señor, hoy*
   *y todos los días de mi vida. Conforme lo hago, tú has prometido que experimentaré*
   *la plenitud de gozo y delicias a tu diestra. Recibo la verdad según la cual*
   _____, *y hoy actuaré conforme a esa*
   *verdad de esta manera:*_____. *Amén.*

## CAMINEMOS JUNTAS EN LA VERDAD...

1. Lean juntas el epílogo de *Mentiras que las mujeres creen* (pp. 309-310). ¿De qué manera experimentó Eva la misericordia y la gracia de Dios después de la caída? ¿Cómo te inspira esperanza?

   _____

   _____

2. ¿Qué recursos ha puesto Dios a nuestra disposición para protegernos del engaño? ¿De qué maneras prácticas podemos guardar nuestra mente y nuestro corazón?

   _____

   _____

3. ¿Qué has aprendido en este estudio acerca de las mentiras de Satanás y de la verdad de Dios que resultó novedoso para ti o que necesitabas recordar?

   _____

   _____

4. ¿Cómo ha cambiado tu manera de pensar a raíz de este estudio?

   _____

   _____

5. ¿Hay algún testimonio que quisieras comentar acerca de cómo la verdad ha empezado a cambiar tu vida y a hacerte libre desde que empezaste este estudio?

   _____

   _____

6. No siempre es fácil caminar en la verdad y proclamarla a otros. Hacerlo nos exige nadar en contra de la corriente de nuestra cultura, y a veces incluso contra la corriente de la "cultura cristiana". Escribe algunas verdades bíblicas que van en contra de nuestra cultura.

_____
_____
_____

7. ¿Por qué es tan importante que los creyentes caminemos conforme a la verdad y procuremos guiar a otros a la verdad?

_____
_____
_____

8. Comenta un testimonio personal acerca de cómo Dios usó a otra persona para restaurarte cuando eras ciega a la verdad o te habías apartado de ella.

_____
_____
_____

9. Concluyan su tiempo juntas en oración, dándole gracias a Dios por la riqueza y la grandeza de su verdad. Entreguen de nuevo su vida para vivir para la gloria y el beneplácito de Dios, y pídanle que use a cada mujer del grupo para guiar a otras a la verdad que puede hacerlas libres.

CITA DE *Nancy*

*"En Cristo y en su Palabra tenemos la verdad que hace libres a las personas. ¡Esas son buenas noticias! No existe otro camino que conduzca a las personas que conocemos y amamos a la libertad de las tinieblas, del engaño y de la muerte... Debemos aprender la verdad, creerla, someternos a ella y vivir conforme a ella... Entonces debemos proclamar la verdad con valentía, convicción y compasión, a fin de guiar a los hermanos y hermanas que se han apartado de vuelta a su comunión con Cristo". (p. 296)*

¡Gracias por estar dispuesta a facilitar un estudio de grupo de *Mentiras que las mujeres creen*! Si es la primera vez que lo haces, tal vez te preguntes cómo empezar. Las siguientes sugerencias tienen el propósito de brindarte algunas ideas prácticas para guiar este estudio. Mi oración es que Dios te dé la sabiduría para ayudar a las mujeres en tu grupo a comprender la importancia de fundar sus vidas en la verdad de Cristo y su Palabra.

Este estudio es la guía de mi libro *Mentiras que las mujeres creen* (la versión revisada y ampliada de 2018), que aborda algunas falsedades comunes que muchas mujeres cristianas han llegado a aceptar. Aunque algunas de estas mentiras son obviamente falsas, muchas mujeres las han interiorizado de la cultura que las rodea. Otras son más sutiles o verdades a medias, lo cual las hace más difíciles de identificar. Sin embargo, ya sea que las mentiras sean abiertas o sutiles, cuando las creemos, siempre terminamos cautivas.

Mi anhelo es ver que las mujeres identifiquen las mentiras que las han esclavizado, y las contrarresten con la verdad que puede hacerlas libres. Este estudio está diseñado para que las mujeres profundicen en ese proceso por medio de una actividad semanal que incluye el estudio y la aplicación personal y, en el caso ideal, una reunión semanal durante la cual las mujeres puedan interactuar e intercambiar sus experiencias en estos temas esenciales.

## HABLAR ACERCA DE LA VERDAD—CÓMO MANEJAR LAS DIFERENCIAS

El primer objetivo de la sesión grupal de la semana es proveer una oportunidad a las mujeres para intercambiar sus impresiones del material presentado en cada capítulo y profundizar su comprensión de la verdad.

Cuando comenten las preguntas casa semana, recuerden que el propósito no es el tratamiento exhaustivo de los temas específicos, sino ayudar a las mujeres a tener una visión más amplia del tema principal del capítulo. Resistan la tentación de consagrar demasiado tiempo a una sola mentira. Anima a las mujeres a dar respuestas breves, para que puedan participar tantas como sea posible.

Puede que haya desacuerdo en el grupo respecto a uno o más temas. Entiendo que algunas creyentes, de manera sincera, no coincidan con algunas de mis posiciones. Permite que haya un diálogo abierto y sincero. No obstante, hay que animar a las mujeres a expresar sus diferencias con un espíritu de mansedumbre, evitando conflictos y divisiones (ver Tit. 3:2).

Hazles saber a las participantes que la idea no es estancarse en puntos particulares donde puede haber controversia. Explica que es esencial que ellas basen sus respuestas en la Palabra de Dios y no en sus opiniones personales o en lo que dan por sentado que es cierto.

La meta principal del estudio no es lograr que las mujeres estén de acuerdo conmigo o contigo en cada punto, sino llevarlas a escudriñar por sí mismas las Escrituras a fin de que puedan discernir las mentiras de Satanás y conocer y amar la verdad.

## APLICAR LA VERDAD—CÓMO ANIMAR LA PARTICIPACIÓN

El segundo objetivo de la sesión de grupo es brindar la oportunidad para que las mujeres abran sus corazones delante de sus compañeras e intercambien sus experiencias acerca de cómo han puesto en práctica la verdad que han aprendido, y animarse mutuamente en su caminar con Dios. Explica desde el principio que todo lo que se comenta en la sesión es confidencial y no debe exponerse fuera del grupo (a menos que algo requiera la intervención legal o pastoral).

En función de la naturaleza y del alcance de las mentiras que han creído, este estudio puede sacar a la luz situaciones dolorosas que hay en el corazón de las participantes. Pide al Señor que te muestre cómo acompañar a estas mujeres, ayudarles a encontrar la libertad y guiarlas al Dios de toda gracia, consuelo y paz.

Si las participantes de tu grupo no se conocen bien, o no están acostumbradas a comentar su vida personal, puede ser que sean más reservadas al principio. No te desanimes. A medida que se sientan más cómodas las unas con las otras, es muy probable que se sientan más libres para sincerarse.

Algunas veces puede que necesites dirigir la conversación para evitar que una o unas pocas monopolicen el tiempo. Si sientes que alguien tiene una dificultad particular, en lugar de dejar que su necesidad acapare la reunión, puedes disponer de un tiempo para que las dos hablen aparte. También puedes ofrecerle a una participante que parece necesitar tiempo adicional que se vean en privado. Hay que evitar que el tiempo de grupo se convierta en una sesión de terapia. Pide al Señor que te dé la sensibilidad y la sabiduría para guiar la discusión.

Permite que el Espíritu Santo obre de manera individual en la vida de cada mujer. Algunas mujeres pueden identificar rápidamente los problemas que necesitan ser tratados en sus vidas. Otras pueden reconocer que han creído una mentira, pero necesitan tiempo para que Dios les muestre los cambios que deben hacer o para reunir el valor para hacerlos. También puede que algunas mujeres se resistan a identificar mentiras que han creído.

Sé paciente con cada persona. Confía en que Dios obra en cada vida a su manera y en su tiempo.

## PREPARACIÓN PARA LAS SESIONES DE GRUPO

Como líder, desearás hacer el estudio junto con tu grupo. Pero, si es posible, lee con anterioridad *Mentiras que las mujeres creen* a fin de tener una idea general y amplia.

Asegúrate de que cada miembro de tu grupo tenga su propia Biblia, su propio ejemplar de *Mentiras que las mujeres creen* (la versión de 2018), y de esta guía de estudio. Anima a las participantes a completar antes de cada reunión de grupo las lecciones que han sido asignadas para los días uno al cinco en cada capítulo. (No hace falta que completen la sección "Caminemos juntas en la verdad", ya que esas preguntas se tratarán en la discusión grupal).

Las participantes sacarán mayor provecho del estudio si trabajan por su cuenta las lecciones. Sin embargo, a algunas mujeres les puede resultar difícil completar toda la tarea semanal. Anímalas a que lean por lo menos el capítulo de *Mentiras* antes de la sesión grupal. Es más importante que ellas escuchen la verdad y no que respondan cada pregunta.

## ESTRUCTURA Y FORMATO

Suponiendo que haya varias mujeres en tu grupo, un período de dos horas constituye una duración ideal para la sesión de grupo. Esta es una agenda sugerida si tienes esa cantidad de tiempo disponible:

| | |
|---|---|
| 10 minutos | Comunión (quizá con un ligero refrigerio) |
| 5 minutos | Bienvenida y oración de apertura |
| 5 minutos | Lectura de la "Síntesis" |
| 90 minutos | Discusión de grupo e interacción |
| 10 minutos | Tiempo de oración |

Si estás usando este estudio en un marco de tiempo más limitado, puedes ajustarlo conforme a lo que se necesite.

Empiecen su tiempo juntas con una oración, pidiéndole al Señor sabiduría y dirección para su discusión grupal. Luego, delega a una o más personas la lectura en voz alta de la sección "Síntesis", que es una presentación general del capítulo. Esto ayudará a refrescar la memoria de todas, e incluirá a aquellas que no han podido terminar su tarea.

La discusión grupal debe conseguir una apreciación global del tema, con algunas preguntas dedicadas a cada mentira y sus verdades correspondientes. Dependiendo de la cantidad de tiempo disponible y de cuán participativo sea el grupo, siente la libertad de elegir algunas preguntas para comentar juntas. Puede que algunas semanas logren tratar todas las preguntas; otras semanas puede que tu grupo comente solo unas pocas.

Concluye el tiempo juntas en oración las unas por las otras. Pueden orar como grupo o dividirse en parejas o en grupos más pequeños, según funcione mejor en su situación particular.

## BUSCAR EN DIOS EL CAMBIO

Ora por cada sesión y por cada miembro de tu grupo. Pide a Dios que abra los ojos y los corazones de las mujeres a lo que Él quiere enseñarles a lo largo de este estudio. Evita cualquier prejuicio acerca de las integrantes de tu grupo. La mujer que parece más estable puede tener luchas imperceptibles. La más callada puede tener las ideas más profundas. La más extrovertida puede tener la necesidad más grande, o viceversa. Pide a Dios que te dé discernimiento para poder ministrar con eficacia a cada mujer.

Si una participante batalla con un problema complejo o difícil, tal vez quieras sugerirle que busque ayuda adicional de su pastor o de otro líder espiritual de su iglesia. Continúa presentándole la verdad de Dios y aliento, y ora para que Dios te ayude a guiar a las mujeres a su trono, donde pueden recibir misericordia y gracia para el oportuno socorro (ver He. 4:16).

Dios promete que, si lo buscamos de todo corazón, lo hallaremos. Su verdad es el poder más grande para cambiar que existe en el universo. Puedes esperar ver vidas cambiadas, incluso la tuya propia, por medio de este estudio. Mi oración es que como líder de este grupo experimentes poderosamente su presencia, su gracia y su verdad. ¡Que Cristo se glorifique a través de tu esfuerzo!

*M*uchos corazones y manos se han juntado para hacer posible la realización de esta guía de estudio. Quiero agradecer de manera especial a los siguientes consiervos cuyo trabajo detrás del escenario no ha pasado desapercibido, y recibirá una recompensa completa en Aquel día:

- El equipo de *Moody Publishers* —Randall Payleitner, Judy Dunagan, Erik Pedroson, y Connor Sterchi— cada uno en su especialidad y con entusiasmo para servir a lo largo del proyecto y hasta el final.

- *Erin Davis* y *Anne Buchanan* por su esfuerzo editorial en un proyecto que resultó mucho más grande de lo que habíamos previsto.

- *Erik Wolgemuth, Mike Neises, Sandy Bixel* y *Hannah Kurtz* por su labor facilitadora y su ayuda en los diferentes frentes administrativos.

- *Logan Mroczek*, que mantiene mi computadora portátil funcionando y, en más de una ocasión (incluso algunas noches y fines de semana), ha evitado que pierda mi cordura y mi santidad por el pánico que me producía algún problema de formato, la desaparición del manuscrito de la pantalla, o algún aviso de alerta.

- Mi amado esposo, *Robert Wolgemuth*, cuya compañía, amor, aliento y oraciones llenan de gozo mi corazón y aligeran mi carga de cada día.

Que Cristo continúe bendiciendo y ungiendo sus labores, y que Él sea glorificado por medio de este recurso.

*Q*uerida amiga,

Ha sido un gran privilegio caminar contigo a lo largo de este viaje en el que hemos examinado nuestros corazones y explorado juntas la verdad de la Palabra de Dios.

Si este estudio ha sido útil o valioso para ti, quisiera pedirte que dedicaras un momento a contar cómo Dios lo ha usado en tu vida. Puedes hacerlo en este enlace: LiesWomenBelieve.org/comment. Allí encontrarás algunas preguntas que pueden servir de inspiración (solo en inglés). Muchas gracias por tomarte el tiempo de compartir tu historia. Nos animará a mí y al equipo de *Aviva Nuestros Corazones*.

La razón de ser de *Aviva Nuestros Corazones* es ayudar a las mujeres a experimentar la libertad, la plenitud y la fructificación en Cristo. Si quieres saber más acerca de los diferentes recursos que tenemos disponibles, o decirnos cómo podemos servirte a ti o a las mujeres en tu iglesia, puedes contactarnos en la siguiente dirección:

AvivaNuestrosCorazones.com
P.O. Box 2000 · Niles, MI 49120

¡Que sigas experimentando la libertad y el gozo de caminar en la verdad! Y que Dios pueda usarte como instrumento de su gracia y su verdad en las vidas de quienes te rodean.

Te deseo todas las bendiciones en Cristo,

*Nancy*

Nancy DeMoss Wolgemuth

# MENTIRAS
## QUE LAS
## *Mujeres*
## CREEN

### Y LA VERDAD QUE LAS HACE LIBRES

## NANCY DeMOSS
## WOLGEMUTH

Desde su primer lanzamiento en 2001, *Mentiras que las mujeres creen* ha vendido más de un millón de ejemplares, y ha sido traducido a veintiséis idiomas. Miles de cartas y correos electrónicos dan fe de la transformación profunda y duradera que este libro ha producido en la vida de las mujeres alrededor del mundo.

En esta edición actualizada y aumentada, Nancy DeMoss Wolgemuth comunica este mensaje liberador a una nueva generación. *Mentiras que las mujeres creen* presenta cuarenta y cinco mentiras que las mujeres cristianas creen con mayor frecuencia; mentiras acerca de Dios, ellas mismas, las prioridades, las emociones, el matrimonio y la maternidad, entre otras. El libro ofrece el único medio para confrontar, contrarrestar y vencer el engaño: la verdad de Dios.

**EDITORIAL**
**PORTAVOZ**

## NUESTRA VISIÓN

Maximizar el efecto de recursos cristianos de calidad que transforman vidas.

## NUESTRA MISIÓN

Desarrollar y distribuir productos de calidad —con integridad y excelencia—, desde una perspectiva bíblica y confiable, que animen a las personas a conocer y servir a Jesucristo.

## NUESTROS VALORES

*Nuestros valores se encuentran fundamentados en la Biblia, fuente de toda verdad para hoy y para siempre. Nosotros ponemos en práctica estas verdades bíblicas como fundamento para las decisiones, normas y productos de nuestra compañía.*

Valoramos la excelencia y la calidad.
Valoramos la integridad y la confianza.
Valoramos el mérito y la dignidad de los individuos y las relaciones.
Valoramos el servicio.
Valoramos la administración de los recursos.

Para más información acerca de nuestra editorial y los productos que publicamos visite nuestra página en la red: www.portavoz.com.